108遍

大字好寫版

寫・心經

練習專注當下，學習安心放心好好生活

── 張明明 範帖書寫 ──

本書使用說明

佛教東來，很長的一段時間裡，都是以皇朝之力譯經，佛家信仰深入民間，文人雅士也多是佛家信徒，書法家們書寫的佛經，更成為了藝術珍品。一般人進香拜佛，在各種佛事之間寄託心靈安康，佛經伴隨著人們的生活流傳下來。

因為識字因為書寫工具的緣故，雖然佛典上載明「聽、說、讀、誦、為人演說、書寫」，都是功德，但親筆寫經在很長一段時間內並不是人人可行之事。

寫經，慢慢成為日常事，大概是近二十年的事，寫經「有功德」的傳統意義，也逐漸轉化為「為他人祈福祝福」、「讓自己安心自在」的最佳療癒方法之一。

漫遊者出版的寫經系列，到目前為止，一共有五種經本，分別是《心經》、《藥師經》、《金剛經》、《妙法蓮華經—觀世音菩薩普門品》、《阿彌陀經》，這些經本也各有一般書籍開本的二十五開本及Ａ４大小、可以單頁書寫的大開本。。

這次出版的《寫．心經（一〇八遍大字好寫萬本紀念版）》，尺寸上放大為十七公分×二十三公分，一個跨頁可以寫一遍心經。會再做一個這樣的版本，主要是回應讀者的希望。自從出版了《寫心經》（二十五開本）之後，我們最常接到的讀者反饋就是，字可以再大一點嗎？因為年紀大了因為眼力不好了……所以重新調整版面，放大字級與加寬行距的安排，可以寫得更舒暢。

除了內文版面做了調整，今年歲次甲辰是龍年，在封面設計上用了紫金色。不管是帶著什麼期待來寫經，都希望《心經》蘊藏的強大力量與紫金帶財民俗意象，能讓每位使用者都能量飽滿。

在寫經的當下，感謝過去的種種經歷，祈願即將到來的每一天都平安自在。心經二六〇個字，每寫一字都能讓你在一筆一畫間享受一段獨處的自我感悟時光，練習放下罣礙。《寫・心經（一〇八遍大字好寫萬本紀念版）》共可以書寫一〇八遍。隨時寫，心生歡喜，越自在越安定，祝福一切事情都圓滿。

【關於心經】

《般若波羅蜜多心經》，也稱做《心經》，以緣起性空的般若智慧，使我們「度過煩惱，到達彼岸」。在《大正藏》中收有七種《心經》的漢譯本，最早的譯本出自姚秦・鳩摩羅什，流通最廣的譯本則是唐朝三藏法師玄奘的版本。

本書採用的即是唐朝三藏法師玄奘的譯本。

一起來寫好字

張明明

手寫文字，在數位時代特別覺得有溫度。想寫一手好字，起心動念是一切的開始。動手寫，養成習慣，才能在過程中孕育熱情，持續寫下去。因為書寫工具的不同，大致可以區分為硬筆字和軟筆字。軟筆（毛筆）比起硬筆，最大的差異在於毛筆的不易控制，相對的也比較不容易上手。而硬筆便於攜帶與取得，在練習便利性上大大的加分，但無論是使用哪一種書寫工具，練習時都需要使用一些技巧來讓字寫得更好看，而這些技巧是不分軟硬筆都能共通的。

一、首先是「筆」

工欲善其事，必先利其器，選對適合的筆是寫字的第一步。方便現代人隨時可以練字的硬筆種類，常見的有鉛筆、原子筆、鋼筆、中性筆等等。選筆時優先考量的是書寫出墨順暢，大體而言：鉛筆可以表現出顏色深淺及線條粗細；原子筆最容易取得，但隨著使用時間增長，筆尖易磨損，出墨不順；中性筆出墨流暢，線條輕重容易控制，是大多數人喜愛的筆類；鋼筆使用的壽命長，不同筆尖可以寫出類似書法線條的效果。每種筆各有優缺點，多方嘗試各種筆的特性，就容易找到最適合自己的筆。

二、再來是「帖」

以古為師，以帖為宗，這是萬變不離其宗的法門。剛開始練習寫字，「選什麼字帖？從哪一種字體開始入門？」是大家最常問的問題。這個問題沒有標準答案，但無論選擇什麼，關鍵都在於：必須臨摹古帖，師古人。以古為今，先摹再臨最為上策。也就是古人云：「取法乎上，僅得其中，取法乎中，僅得其下。」記得我小時候剛練字時，科技用品不如現在發達，為了要摹古帖，還特別到照片行買了二手的幻燈片燈箱，將影印來的字帖放在燈箱上，用描摹紙摹字練習。先學其形，再學其神，最後期望達到形神兼備。

適合用硬筆來練習的古帖，從「容易上手」跟「考慮硬筆字工具限制」這兩點來看，我建議的楷書臨帖首選是王羲之《樂毅論》、文徵明《落花詩冊》、趙孟頫《道德經》等，這幾本帖子結體合乎法度，筆筆交代清楚，古樸秀逸，對初學者來說是很不錯的選擇。

三、學會握筆姿勢

「指實掌虛，腕平掌豎」是書法用筆的基本大法。在今日，以硬筆執筆，指實掌虛亦是不變的法則。也就是拇指、食指，中指確實握好筆管，掌心則空隙則好像可以容下雞蛋，這樣一來就能運轉自如，無窒礙之勢。請試試看這個握筆心法，多練習幾次，應該會發現寫出來的字跟以前不一樣。

四、堅持每天寫一段時間

記得高中時期，同學都埋頭書堆，我則是每天跟毛筆相處，直至今日才感受到跟筆的感情歷久彌新。每天抽出一段時間，把心靜下來跟筆培養感情。寫字是水磨功夫，只要願意開始練習，寫出一手好字不是妄想。字如其人，練字就是練心境，透過練字，可以感受到沉浸在其中的樂趣。

拿起筆來試試吧，期待你也能一起享受寫字的美好。

【範帖書寫】張明明

張明明老師，宜蘭人。

長年習字，師事書法名家陳鏡聰先生、江育民先生。

多次獲得美展書法類優選，參加當代書藝展聯展。

著有《寫心經》、《寫・藥師經》、《寫・金剛經》、《寫・觀世音菩薩普門品》、《寫・阿彌陀經》

抄經寫字練習不輟。

般若波羅蜜多心經

玄奘法師譯

觀自在菩薩行深般若波羅蜜多時。照見五蘊皆空。度一切苦厄。舍利子。色不異空。空不異色。色即是空。空即是色。受。想。行。識。亦復如是。舍利子。是諸法空相。不生不滅。不垢不淨。不增不減。是故。空中無色。無受。想。行。識。無眼。耳。鼻。舌。身。意。無色。聲。香。味。觸。法。無眼界。乃至無意識界。無無明亦無無明盡。乃至無老死亦無老死盡。無苦。集。滅。

道。無智亦無得。以無所得故。菩提薩埵依
般若波羅蜜多故。心無罣礙。無罣礙故。無
有恐怖。遠離顛倒夢想。究竟涅槃。三世諸
佛依般若波羅蜜多故。得阿耨多羅三藐
三菩提。故知般若波羅蜜多。是大神呪。是
大明呪。是無上呪。是無等等呪。能除一切
苦。真實不虛。故説般若波羅蜜多呪。即説
呪曰。揭諦。揭諦。波羅揭諦。波羅僧揭諦。菩
提薩婆訶。

般若波羅蜜多心經

玄奘法師譯

觀自在菩薩行深般若波羅蜜多時照見
五蘊皆空度一切苦厄舍利子色不異空
空不異色色即是空空即是色受想行識
亦復如是舍利子是諸法空相不生不滅
不垢不淨不增不減是故空中無色無受
想行識無眼耳鼻舌身意無色聲香味觸
法無眼界乃至無意識界無無明亦無無
明盡乃至無老死亦無老死盡無苦集滅

道。無智亦無得。以無所得故。菩提薩埵依般若波羅蜜多故。心無罣礙。無罣礙故。無有恐怖。遠離顛倒夢想。究竟涅槃。三世諸佛依般若波羅蜜多故。得阿耨多羅三藐三菩提。故知般若波羅蜜多。是大神咒。是大明咒。是無上咒。是無等等咒。能除一切苦。真實不虛。故説般若波羅蜜多咒。即説咒曰。揭諦。揭諦。波羅揭諦。波羅僧揭諦。菩提薩婆訶。

年

月

日

般若波羅蜜多心經

玄奘法師譯

觀自在菩薩行深般若波羅蜜多時。照見

五蘊皆空。度一切苦厄。舍利子。色不異空。

空不異色。色即是空。空即是色。受想行識。

亦復如是。舍利子。是諸法空相。不生不滅。

不垢不淨。不增不減。是故空中無色。無受。

想行識。無眼耳鼻舌身意。無色聲香味觸。

法。無眼界。乃至無意識界。無無明。亦無無

明盡。乃至無老死。亦無老死盡。無苦集滅。

道。無智亦無得。以無所得故。菩提薩埵依
般若波羅蜜多故。心無罣礙。無罣礙故無
有恐怖遠離顛倒夢想。究竟涅槃。三世諸
佛依般若波羅蜜多故。得阿耨多羅三藐
三菩提。故知般若波羅蜜多。是大神呪。是
大明呪。是無上呪。是無等等呪。能除一切
苦。真實不虛。故説般若波羅蜜多呪。即説
呪曰。揭諦揭諦。波羅揭諦。波羅僧揭諦。菩
提薩婆訶。

年

月

日

般若波羅蜜多心經

玄奘法師譯

觀自在菩薩行深般若波羅蜜多時。照見
五蘊皆空。度一切苦厄。舍利子。色不異空。
空不異色。色即是空。空即是色。受。想。行。識。
亦復如是。舍利子。是諸法空相。不生不滅。
不垢不淨。不增不減。是故空中無色。無受。
想。行。識。無眼。耳。鼻。舌。身。意。無色。聲。香。味。觸。
法。無眼界。乃至無意識界。無無明。亦無
明盡。乃至無老死。亦無老死盡。無苦。集。滅。

道。無智亦無得。以無所得故。菩提薩埵依
般若波羅蜜多故。心無罣礙。無罣礙故。無
有恐怖。遠離顛倒夢想。究竟涅槃。三世諸
佛依般若波羅蜜多故。得阿耨多羅三藐
三菩提。故知般若波羅蜜多。是大神咒。是
大明咒。是無上咒。是無等等咒。能除一切
苦。真實不虛。故説般若波羅蜜多咒。即説
咒曰。揭諦揭諦。波羅揭諦。波羅僧揭諦。菩
提薩婆訶。

年　月　日

般若波羅蜜多心經

玄奘法師譯

觀自在菩薩行深般若波羅蜜多時照見
五蘊皆空度一切苦厄舍利子色不異空
空不異色色即是空空即是色受想行識
亦復如是舍利子是諸法空相不生不滅
不垢不淨不增不減是故空中無色無受
想行識無眼耳鼻舌身意無色聲香味觸
法無眼界乃至無意識界無無明亦無無
明盡乃至無老死亦無老死盡無苦集滅

道。無智亦無得。以無所得故。菩提薩埵依
般若波羅蜜多故。心無罣礙。無罣礙故。無
有恐怖。遠離顛倒夢想。究竟涅槃。三世諸
佛依般若波羅蜜多故。得阿耨多羅三藐
三菩提。故知般若波羅蜜多。是大神咒。是
大明咒。是無上咒。是無等等咒。能除一切
苦。真實不虛。故說般若波羅蜜多咒。即說
咒曰。揭諦。揭諦。波羅揭諦。波羅僧揭諦。菩
提薩婆訶。

年　月　日

般若波羅蜜多心經

玄奘法師譯

觀自在菩薩行深般若波羅蜜多時照見五蘊皆空度一切苦厄舍利子色不異空空不異色色即是空空即是色受想行識亦復如是舍利子是諸法空相不生不滅不垢不淨不增不減是故空中無色無受想行識無眼耳鼻舌身意無色聲香味觸法無眼界乃至無意識界無無明亦無無明盡乃至無老死亦無老死盡無苦集滅

道無智亦無得以無所得故菩提薩埵依
般若波羅蜜多故心無罣礙無罣礙故無
有恐怖遠離顛倒夢想究竟涅槃三世諸
佛依般若波羅蜜多故得阿耨多羅三藐
三菩提故知般若波羅蜜多是大神咒是
大明咒是無上咒是無等等咒能除一切
苦真實不虛故說般若波羅蜜多咒即說
咒曰揭諦揭諦波羅揭諦波羅僧揭諦菩
提薩婆訶

年 月 日

般若波羅蜜多心經

玄奘法師譯

觀自在菩薩行深般若波羅蜜多時。照見五蘊皆空。度一切苦厄。舍利子。色不異空。空不異色。色即是空。空即是色。受想行識。亦復如是。舍利子。是諸法空相。不生不滅。不垢不淨。不增不減。是故空中無色。無受想。行。識。無眼耳鼻。舌。身。意。無色。聲。香。味。觸。法。無眼界。乃至無意識界。無無明。亦無無明盡。乃至無老死。亦無老死盡。無苦。集。滅。

道。無智亦無得。以無所得故。菩提薩埵依
般若波羅蜜多故。心無罣礙。無罣礙故。無
有恐怖。遠離顛倒夢想。究竟涅槃。三世諸
佛依般若波羅蜜多故。得阿耨多羅三藐
三菩提。故知般若波羅蜜多。是大神咒。是
大明咒。是無上咒。是無等等咒。能除一切
苦。真實不虛。故説般若波羅蜜多咒。即説
咒曰。揭諦揭諦。波羅揭諦。波羅僧揭諦。菩
提薩婆訶。

年 月 日

般若波羅蜜多心經

玄奘法師譯

觀自在菩薩行深般若波羅蜜多時照見
五蘊皆空度一切苦厄舍利子色不異空
空不異色色即是空空即是色受想行識
亦復如是舍利子是諸法空相不生不滅
不垢不淨不增不減是故空中無色無受
想行識無眼耳鼻舌身意無色聲香味觸
法無眼界乃至無意識界無無明亦無無
明盡乃至無老死亦無老死盡無苦集滅

道。無智亦無得。以無所得故。菩提薩埵依
般若波羅蜜多故。心無罣礙。無罣礙故。無
有恐怖。遠離顛倒夢想。究竟涅槃。三世諸
佛依般若波羅蜜多故。得阿耨多羅三藐
三菩提。故知般若波羅蜜多。是大神呪。是
大明呪。是無上呪。是無等等呪。能除一切
苦。真實不虛。故說般若波羅蜜多呪。即說
呪曰。揭諦揭諦。波羅揭諦。波羅僧揭諦。菩
提薩婆訶。

年　月　日

般若波羅蜜多心經

玄奘㳒師譯

觀自在菩薩行深般若波羅蜜多時照見
五蘊皆空度一切苦厄舍利子色不異空
空不異色色即是空空即是色受想行識
亦復如是舍利子是諸㳒空相不生不滅
不垢不浄不增不減是故空中無色無受
想行識無眼耳鼻舌身意無色聲香味觸
㳒無眼界乃至無意識界無無明亦無無
明盡乃至無老死亦無老死盡無苦集滅

道。無智亦無得。以無所得故。菩提薩埵依
般若波羅蜜多故。心無罣礙。無罣礙故。無
有恐怖。遠離顛倒夢想。究竟涅槃。三世諸
佛依般若波羅蜜多故。得阿耨多羅三藐
三菩提。故知般若波羅蜜多。是大神呪。是
大明呪。是無上呪。是無等等呪。能除一切
苦。真實不虛。故說般若波羅蜜多呪。即說
呪曰。揭諦。揭諦。波羅揭諦。波羅僧揭諦。菩
提薩婆訶。

年　月　日

般若波羅蜜多心經

玄奘法師譯

觀自在菩薩。行深般若波羅蜜多時。照見
五蘊皆空。度一切苦厄。舍利子。色不異空。
空不異色。色即是空。空即是色。受想行識。
亦復如是。舍利子。是諸法空相。不生不滅。
不垢不淨。不增不減。是故空中無色。無受。
想。行。識。無眼。耳。鼻。舌。身。意。無色。聲。香。味。觸。
法。無眼界。乃至無意識界。無無明。亦無無
明盡。乃至無老死。亦無老死盡。無苦。集。滅。

道。無智亦無得。以無所得故。菩提薩埵依
般若波羅蜜多故。心無罣礙。無罣礙故。無
有恐怖。遠離顛倒夢想。究竟涅槃。三世諸
佛依般若波羅蜜多故。得阿耨多羅三藐
三菩提。故知般若波羅蜜多。是大神咒。是
大明咒。是無上咒。是無等等咒。能除一切
苦。真實不虛。故説般若波羅蜜多咒。即説
咒曰。揭諦揭諦。波羅揭諦。波羅僧揭諦。菩
提薩婆訶。

年 月 日

般若波羅蜜多心經
玄奘法師譯
觀自在菩薩行深般若波羅蜜多時照見
五蘊皆空。度一切苦厄。舍利子。色不異空。
空不異色。色即是空。空即是色。受想行識。
亦復如是。舍利子。是諸法空相。不生不滅。
不垢不淨。不增不減。是故空中無色。無受
想。行。識。無眼。耳。鼻。舌。身。意。無色。聲。香。味。觸。
法。無眼界。乃至無意識界。無無明。亦無無明
盡。乃至無老死。亦無老死盡。無苦。集。滅。

道無智亦無得以無所得故菩提薩埵依
般若波羅蜜多故心無罣礙無罣礙故無
有恐怖遠離顛倒夢想究竟涅槃三世諸
佛依般若波羅蜜多故得阿耨多羅三藐
三菩提故知般若波羅蜜多是大神咒是
大明咒是無上咒是無等等咒能除一切
苦真實不虛故說般若波羅蜜多咒即說
咒曰揭諦揭諦波羅揭諦波羅僧揭諦菩
提薩婆訶

年　月　日

般若波羅蜜多心經
玄奘法師譯

觀自在菩薩行深般若波羅蜜多時照見
五蘊皆空度一切苦厄舍利子色不異空
空不異色色即是空空即是色受想行識
亦復如是舍利子是諸法空相不生不滅
不垢不淨不增不減是故空中無色無受
想行識無眼耳鼻舌身意無色聲香味觸
法無眼界乃至無意識界無無明亦無無
明盡乃至無老死亦無老死盡無苦集滅

道。無智亦無得。以無所得故。菩提薩埵依
般若波羅蜜多故。心無罣礙。無罣礙故。無
有恐怖。遠離顛倒夢想。究竟涅槃。三世諸
佛依般若波羅蜜多故。得阿耨多羅三藐
三菩提。故知般若波羅蜜多。是大神咒。是
大明咒。是無上咒。是無等等咒。能除一切
苦。真實不虛。故說般若波羅蜜多咒。即說
咒曰。揭諦揭諦。波羅揭諦。波羅僧揭諦。菩
提薩婆訶。

年　月　日

般若波羅蜜多心經

玄奘法師譯

觀自在菩薩行深般若波羅蜜多時照見
五蘊皆空度一切苦厄舍利子色不異空
空不異色色即是空空即是色受想行識
亦復如是舍利子是諸法空相不生不滅
不垢不淨不增不減是故空中無色無受
想行識無眼耳鼻舌身意無色聲香味觸
法無眼界乃至無意識界無無明亦無無
明盡乃至無老死亦無老死盡無苦集滅

道。無智亦無得。以無所得故。菩提薩埵依
般若波羅蜜多故。心無罣礙。無罣礙故。無
有恐怖。遠離顛倒夢想。究竟涅槃。三世諸
佛依般若波羅蜜多故。得阿耨多羅三藐
三菩提。故知般若波羅蜜多。是大神咒。是
大明咒。是無上咒。是無等等咒。能除一切
苦。真實不虛。故說般若波羅蜜多咒。即說
咒曰。揭諦揭諦。波羅揭諦。波羅僧揭諦。菩
提薩婆訶。

年　月　日

般若波羅蜜多心經

玄奘法師譯

觀自在菩薩行深般若波羅蜜多時。照見

五蘊皆空。度一切苦厄。舍利子。色不異空。

空不異色。色即是空。空即是色。受想行識。

亦復如是。舍利子。是諸法空相。不生不滅。

不垢不淨。不增不減。是故。空中無色。無受。

想。行。識。無眼。耳。鼻。舌。身。意。無色。聲。香。味。觸。

法。無眼界。乃至無意識界。無無明。亦無無

明盡。乃至無老死。亦無老死盡。無苦。集。滅。

道。無智亦無得。以無所得故。菩提薩埵依
般若波羅蜜多故。心無罣礙。無罣礙故。無
有恐怖。遠離顛倒夢想。究竟涅槃。三世諸
佛依般若波羅蜜多故。得阿耨多羅三藐
三菩提。故知般若波羅蜜多。是大神咒。是
大明咒。是無上咒。是無等等咒。能除一切
苦。真實不虛。故說般若波羅蜜多咒。即說
咒曰。揭諦揭諦。波羅揭諦。波羅僧揭諦。菩
提薩婆訶。

年 月 日

般若波羅蜜多心經

玄奘法師譯

觀自在菩薩行深般若波羅蜜多時。照見五蘊皆空。度一切苦厄。舍利子。色不異空。空不異色。色即是空。空即是色。受想行識。亦復如是。舍利子。是諸法空相。不生不滅。不垢不淨。不增不減。是故空中無色。無受。想。行。識。無眼。耳。鼻。舌。身。意。無色。聲。香。味。觸。法。無眼界。乃至無意識界。無無明。亦無無明盡。乃至無老死。亦無老死盡。無苦。集。滅。

道。無智亦無得。以無所得故。菩提薩埵依般若波羅蜜多故。心無罣礙。無罣礙故。無有恐怖。遠離顛倒夢想。究竟涅槃。三世諸佛依般若波羅蜜多故。得阿耨多羅三藐三菩提。故知般若波羅蜜多。是大神咒。是大明咒。是無上咒。是無等等咒。能除一切苦。真實不虛。故說般若波羅蜜多咒。即說咒曰。揭諦。揭諦。波羅揭諦。波羅僧揭諦。菩提薩婆訶。

年 月 日

般若波羅蜜多心經

玄奘法師譯

觀自在菩薩行深般若波羅蜜多時照見
五蘊皆空度一切苦厄舍利子色不異空
空不異色色即是空空即是色受想行識
亦復如是舍利子是諸法空相不生不滅
不垢不淨不增不減是故空中無色無受
想行識無眼耳鼻舌身意無色聲香味觸
法無眼界乃至無意識界無無明亦無無
明盡乃至無老死亦無老死盡無苦集滅

道。無智亦無得。以無所得故。菩提薩埵依
般若波羅蜜多故。心無罣礙。無罣礙故。無
有恐怖。遠離顛倒夢想。究竟涅槃。三世諸
佛依般若波羅蜜多故。得阿耨多羅三藐
三菩提。故知般若波羅蜜多。是大神呪。是
大明呪。是無上呪。是無等等呪。能除一切
苦。真實不虛。故説般若波羅蜜多呪。即説
呪曰。揭諦。揭諦。波羅揭諦。波羅僧揭諦。菩
提薩婆訶。

年　月　日

般若波羅蜜多心經
玄奘法師譯
觀自在菩薩行深般若波羅蜜多時照見
五蘊皆空度一切苦厄舍利子色不異空
空不異色色即是空空即是色受想行識
亦復如是舍利子是諸法空相不生不滅
不垢不淨不增不減是故空中無色無受
想行識無眼耳鼻舌身意無色聲香味觸
法無眼界乃至無意識界無無明亦無無
明盡乃至無老死亦無老死盡無苦集滅

道。無智亦無得。以無所淂故。菩提薩埵依
般若波羅蜜多故。心無罣礙。無罣礙故。無
有恐怖。遠離顛倒夢想。究竟涅槃。三世諸
佛依般若波羅蜜多故。淂阿耨多羅三藐
三菩提。故知般若波羅蜜多。是大神咒。是
大明咒。是無上咒。是無等等咒。能除一切
苦。真實不虛。故說般若波羅蜜多咒。即說
咒曰。揭諦。揭諦。波羅揭諦。波羅僧揭諦。菩
提薩婆訶。

年　月　日

般若波羅蜜多心經　玄奘法師譯

觀自在菩薩行深般若波羅蜜多時照見

五蘊皆空度一切苦厄舍利子色不異空

空不異色色即是空空即是色受想行識

亦復如是舍利子是諸法空相不生不滅

不垢不淨不增不減是故空中無色無受

想行識無眼耳鼻舌身意無色聲香味觸

法無眼界乃至無意識界無無明亦無無

明盡乃至無老死亦無老死盡無苦集滅

道無智亦無得以無所得故菩提薩埵依
般若波羅蜜多故心無罣礙無罣礙故無
有恐怖遠離顛倒夢想究竟涅槃三世諸
佛依般若波羅蜜多故得阿耨多羅三藐
三菩提故知般若波羅蜜多是大神咒是
大明咒是無上咒是無等等咒能除一切
苦真實不虛故說般若波羅蜜多咒即說
咒曰揭諦揭諦波羅揭諦波羅僧揭諦菩
提薩婆訶

年　月　日

般若波羅蜜多心經

玄奘法師譯

觀自在菩薩。行深般若波羅蜜多時。照見
五蘊皆空。度一切苦厄。舍利子。色不異空。
空不異色。色即是空。空即是色。受想行識。
亦復如是。舍利子。是諸法空相。不生不滅。
不垢不淨。不增不減。是故空中無色。無受
想行識。無眼耳鼻舌身意。無色聲香味觸
法。無眼界。乃至無意識界。無無明。亦無無
明盡。乃至無老死。亦無老死盡。無苦集滅

道。無智亦無得。以無所得故。菩提薩埵依
般若波羅蜜多故。心無罣礙。無罣礙故。無
有恐怖。遠離顛倒夢想。究竟涅槃。三世諸
佛依般若波羅蜜多故。得阿耨多羅三藐
三菩提。故知般若波羅蜜多。是大神呪。是
大明呪。是無上呪。是無等等呪。能除一切
苦。真實不虛。故說般若波羅蜜多呪。即說
呪曰。揭諦揭諦。波羅揭諦。波羅僧揭諦。菩
提薩婆訶。

年　　月　　日

般若波羅蜜多心經

玄奘法師譯

觀自在菩薩行深般若波羅蜜多時。照見
五蘊皆空。度一切苦厄。舍利子。色不異空。
空不異色。色即是空。空即是色。受想行識。
亦復如是。舍利子。是諸法空相。不生不滅。
不垢不淨。不增不減。是故空中無色。無受。
想。行。識。無眼。耳。鼻。舌。身。意。無色。聲。香。味。觸。
法。無眼界。乃至無意識界。無無明。亦無無
明盡。乃至無老死。亦無老死盡。無苦。集。滅。

道。無智亦無得。以無所得故。菩提薩埵依
般若波羅蜜多故。心無罣礙。無罣礙故。無
有恐怖。遠離顛倒夢想。究竟涅槃。三世諸
佛依般若波羅蜜多故。得阿耨多羅三藐
三菩提。故知般若波羅蜜多。是大神咒。是
大明咒。是無上咒。是無等等咒。能除一切
苦。真實不虛。故說般若波羅蜜多咒。即說
咒曰。揭諦揭諦。波羅揭諦。波羅僧揭諦。菩
提薩婆訶。

年　月　日

般若波羅蜜多心經

玄奘法師譯

觀自在菩薩行深般若波羅蜜多時照見
五蘊皆空度一切苦厄舍利子色不異空
空不異色色即是空空即是色受想行識
亦復如是舍利子是諸法空相不生不滅
不垢不淨不增不減是故空中無色無受
想行識無眼耳鼻舌身意無色聲香味觸
法無眼界乃至無意識界無無明亦無無
明盡乃至無老死亦無老死盡無苦集滅

道。無智亦無得。以無所得故。菩提薩埵依
般若波羅蜜多故。心無罣礙。無罣礙故。無
有恐怖。遠離顛倒夢想。究竟涅槃。三世諸
佛依般若波羅蜜多故。得阿耨多羅三藐
三菩提。故知般若波羅蜜多。是大神呪。是
大明呪。是無上呪。是無等等呪。能除一切
苦。真實不虛。故說般若波羅蜜多呪。即說
呪曰。揭諦揭諦。波羅揭諦。波羅僧揭諦。菩
提薩婆訶。

年　月　日

般若波羅蜜多心經

玄奘法師譯

觀自在菩薩行深般若波羅蜜多時。照見五蘊皆空。度一切苦厄。舍利子。色不異空。空不異色。色即是空。空即是色。受想行識。亦復如是。舍利子。是諸法空相。不生不滅。不垢不淨。不增不減。是故空中無色。無受想。行。識。無眼耳鼻舌身意。無色聲香味觸法。無眼界。乃至無意識界。無無明。亦無無明盡。乃至無老死。亦無老死盡。無苦集滅。

道。無智亦無得。以無所得故。菩提薩埵依
般若波羅蜜多故。心無罣礙。無罣礙故。無
有恐怖。遠離顛倒夢想。究竟涅槃。三世諸
佛依般若波羅蜜多故。得阿耨多羅三藐
三菩提。故知般若波羅蜜多。是大神呪。是
大明呪。是無上呪。是無等等呪。能除一切
苦。真實不虛。故説般若波羅蜜多呪。即説
呪曰。揭諦揭諦。波羅揭諦。波羅僧揭諦。菩
提薩婆訶。

年　月　日

般若波羅蜜多心經

玄奘法師譯

觀自在菩薩行深般若波羅蜜多時。照見
五蘊皆空。度一切苦厄。舍利子。色不異空。
空不異色。色即是空。空即是色。受想行識。
亦復如是。舍利子。是諸法空相。不生不滅。
不垢不淨。不增不減。是故空中無色。無受
想。行。識。無眼耳鼻舌身意。無色聲香味觸。
法。無眼界。乃至無意識界。無無明。亦無無
明盡。乃至無老死。亦無老死盡。無苦集滅。

道。無智亦無得。以無所得故。菩提薩埵依
般若波羅蜜多故。心無罣礙。無罣礙故。無
有恐怖。遠離顛倒夢想。究竟涅槃。三世諸
佛依般若波羅蜜多故。得阿耨多羅三藐
三菩提。故知般若波羅蜜多。是大神呪。是
大明呪。是無上呪。是無等等呪。能除一切
苦。真實不虛。故說般若波羅蜜多呪。即說
呪曰。揭諦揭諦。波羅揭諦。波羅僧揭諦。菩
提薩婆訶。

年　月　日

般若波羅蜜多心經

玄奘法師譯

觀自在菩薩行深般若波羅蜜多時。照見
五蘊皆空。度一切苦厄。舍利子。色不異空。
空不異色。色即是空。空即是色。受。想。行。識。
亦復如是。舍利子。是諸法空相。不生不滅。
不垢不淨。不增不減。是故空中無色。無受
想。行。識。無眼。耳。鼻。舌。身。意。無色。聲。香。味。觸。
法無眼界。乃至無意識界。無無明。亦無無
明盡。乃至無老死。亦無老死盡。無苦。集。滅。

道。無智亦無得。以無所得故。菩提薩埵依
般若波羅蜜多故。心無罣礙。無罣礙故。無
有恐怖。遠離顛倒夢想。究竟涅槃。三世諸
佛依般若波羅蜜多故。得阿耨多羅三藐
三菩提。故知般若波羅蜜多。是大神呪。是
大明呪。是無。上呪。是無等等呪。能除一切
苦。真實不虛。故說般若波羅蜜多呪。即說
呪曰。揭諦。揭諦。波羅揭諦。波羅僧揭諦。菩
提薩婆訶。

年

月

日

般若波羅蜜多心經

玄奘法師譯

觀自在菩薩行深般若波羅蜜多時照見
五蘊皆空度一切苦厄舍利子色不異空
空不異色色即是空空即是色受想行識
亦復如是舍利子是諸法空相不生不滅
不垢不淨不增不減是故空中無色無受
想行識無眼耳鼻舌身意無色聲香味觸
法無眼界乃至無意識界無無明亦無無
明盡乃至無老死亦無老死盡無苦集滅

道。無智亦無得。以無所得故。菩提薩埵依
般若波羅蜜多故。心無罣礙。無罣礙故。無
有恐怖。遠離顛倒夢想。究竟涅槃。三世諸
佛依般若波羅蜜多故。得阿耨多羅三藐
三菩提。故知般若波羅蜜多。是大神咒。是
大明咒。是無上咒。是無等等咒。能除一切
苦。真實不虛。故說般若波羅蜜多咒。即說
咒曰。揭諦。揭諦。波羅揭諦。波羅僧揭諦。菩
提薩婆訶。

年　月　日

般若波羅蜜多心經

玄奘法師譯

觀自在菩薩行深般若波羅蜜多時。照見
五蘊皆空。度一切苦厄。舍利子。色不異空。
空不異色。色即是空。空即是色。受想行識。
亦復如是。舍利子。是諸法空相。不生不滅。
不垢不净。不增不減。是故空中無色。無受。
想行識。無眼耳鼻舌身意。無色聲香味觸。
法。無眼界。乃至無意識界。無無明。亦無無
明盡。乃至無老死。亦無老死盡。無苦。集。滅。

道。無智亦無得。以無所得故。菩提薩埵依
般若波羅蜜多故。心無罣礙。無罣礙故。無
有恐怖。遠離顛倒夢想。究竟涅槃。三世諸
佛依般若波羅蜜多故。得阿耨多羅三藐
三菩提。故知般若波羅蜜多。是大神呪。是
大明呪。是無上呪。是無等等呪。能除一切
苦。真實不虛。故說般若波羅蜜多呪。即說
呪曰。揭諦揭諦。波羅揭諦。波羅僧揭諦。菩
提薩婆訶。

年　月　日

般若波羅蜜多心經

玄奘法師譯

觀自在菩薩行深般若波羅蜜多時照見
五蘊皆空度一切苦厄舍利子色不異空
空不異色色即是空空即是色受想行識
亦復如是舍利子是諸法空相不生不滅
不垢不淨不增不減是故空中無色無受
想行識無眼耳鼻舌身意無色聲香味觸
法無眼界乃至無意識界無無明亦無無
明盡乃至無老死亦無老死盡無苦集滅

道。無智亦無得。以無所淂故。菩提薩埵依
般若波羅蜜多故。心無罣礙。無罣礙故。無
有恐怖。遠離顛倒夢想。究竟涅槃。三世諸
佛依般若波羅蜜多故。淂阿耨多羅三藐
三菩提。故知般若波羅蜜多是大神咒。是
大明咒。是無上咒。是無等等咒。能除一切
苦。真實不虛。故説般若波羅蜜多咒。即説
咒曰。揭諦揭諦。波羅揭諦。波羅僧揭諦。菩
提薩婆訶。

年 月 日

般若波羅蜜多心經

玄奘法師譯

觀自在菩薩行深般若波羅蜜多時照見
五蘊皆空度一切苦厄舍利子色不異空
空不異色色即是空空即是色受想行識
亦復如是舍利子是諸法空相不生不滅
不垢不淨不增不減是故空中無色無受
想行識無眼耳鼻舌身意無色聲香味觸
法無眼界乃至無意識界無無明亦無無
明盡乃至無老死亦無老死盡無苦集滅

道。無智亦無得。以無所得故。菩提薩埵依
般若波羅蜜多故。心無罣礙。無罣礙故。無
有恐怖。遠離顛倒夢想。究竟涅槃。三世諸
佛依般若波羅蜜多故。得阿耨多羅三藐
三菩提。故知般若波羅蜜多。是大神呪。是
大明呪。是無上呪。是無等等呪。能除一切
苦。真實不虛。故說般若波羅蜜多呪。即說
呪曰。揭諦。揭諦。波羅揭諦。波羅僧揭諦。菩
提薩婆訶。

年 月 日

般若波羅蜜多心經

玄奘法師譯

觀自在菩薩行深般若波羅蜜多時照見
五蘊皆空度一切苦厄舍利子色不異空
空不異色色即是空空即是色受想行識
亦復如是舍利子是諸法空相不生不滅
不垢不淨不增不減是故空中無色無受
想行識無眼耳鼻舌身意無色聲香味觸
法無眼界乃至無意識界無無明亦無無
明盡乃至無老死亦無老死盡無苦集滅

道無智亦無得以無所得故菩提薩埵依
般若波羅蜜多故心無罣礙無罣礙故無
有恐怖遠離顛倒夢想究竟涅槃三世諸
佛依般若波羅蜜多故得阿耨多羅三藐
三菩提故知般若波羅蜜多是大神咒是
大明咒是無上咒是無等等咒能除一切
苦真實不虛故説般若波羅蜜多咒即説
咒曰揭諦揭諦波羅揭諦波羅僧揭諦菩
提薩婆訶

年 月 日

般若波羅蜜多心經

玄奘法師譯

觀自在菩薩行深般若波羅蜜多時照見
五蘊皆空度一切苦厄舍利子色不異空
空不異色色即是空空即是色受想行識
亦復如是舍利子是諸法空相不生不滅
不垢不淨不增不減是故空中無色無受
想行識無眼耳鼻舌身意無色聲香味觸
法無眼界乃至無意識界無無明亦無無
明盡乃至無老死亦無老死盡無苦集滅

道無智亦無得以無所得故菩提薩埵依
般若波羅蜜多故心無罣礙無罣礙故無
有恐怖遠離顛倒夢想究竟涅槃三世諸
佛依般若波羅蜜多故得阿耨多羅三藐
三菩提故知般若波羅蜜多是大神咒是
大明咒是無上咒是無等等咒能除一切
苦真實不虛故說般若波羅蜜多咒即說
咒曰揭諦揭諦波羅揭諦波羅僧揭諦菩
提薩婆訶

年　月　日

般若波羅蜜多心經

玄奘法師譯

觀自在菩薩行深般若波羅蜜多時照見
五蘊皆空度一切苦厄。舍利子色不異空。
空不異色。色即是空。空即是色。受。想。行。識。
亦復如是。舍利子。是諸法空相。不生。不滅。
不垢不淨。不增不減。是故。空中無色。無受。
想。行。識。無眼。耳鼻。舌。身。意。無色。聲。香。味。觸。
法。無眼界。乃至無意識界。無無明亦無無
明盡。乃至無老死亦無老死盡。無苦。集。滅。

道。無智亦無得。以無所得故。菩提薩埵依
般若波羅蜜多故。心無罣礙。無罣礙故。無
有恐怖。遠離顛倒夢想。究竟涅槃。三世諸
佛依般若波羅蜜多故。得阿耨多羅三藐
三菩提。故知般若波羅蜜多。是大神咒。是
大明咒。是無上咒。是無等等咒。能除一切
苦。真實不虛。故說般若波羅蜜多咒。即說
咒曰。揭諦揭諦。波羅揭諦。波羅僧揭諦。菩
提薩婆訶。

年　月　日

般若波羅蜜多心經

玄奘法師譯

觀自在菩薩行深般若波羅蜜多時照見
五蘊皆空度一切苦厄舍利子色不異空
空不異色色即是空空即是色受想行識
亦復如是舍利子是諸法空相不生不滅
不垢不淨不增不減是故空中無色無受
想行識無眼耳鼻舌身意無色聲香味觸
法無眼界乃至無意識界無無明亦無無
明盡乃至無老死亦無老死盡無苦集滅

道無智亦無得以無所得故菩提薩埵依
般若波羅蜜多故心無罣礙無罣礙故無
有恐怖遠離顛倒夢想究竟涅槃三世諸
佛依般若波羅蜜多故得阿耨多羅三藐
三菩提故知般若波羅蜜多是大神咒是
大明咒是無上咒是無等等咒能除一切
苦真實不虛故說般若波羅蜜多咒即說
咒曰揭諦揭諦波羅揭諦波羅僧揭諦菩
提薩婆訶

年 月 日

般若波羅蜜多心經

玄奘法師譯

觀自在菩薩行深般若波羅蜜多時照見
五蘊皆空度一切苦厄舍利子色不異空
空不異色色即是空空即是色受想行識
亦復如是舍利子是諸法空相不生不滅
不垢不淨不增不減是故空中無色無受
想行識無眼耳鼻舌身意無色聲香味觸
法無眼界乃至無意識界無無明亦無無
明盡乃至無老死亦無老死盡無苦集滅

道。無智亦無得。以無所得故。菩提薩埵。依般若波羅蜜多故。心無罣礙。無罣礙故。無有恐怖。遠離顛倒夢想。究竟涅槃。三世諸佛。依般若波羅蜜多故。得阿耨多羅三藐三菩提。故知般若波羅蜜多。是大神咒。是大明咒。是無上咒。是無等等咒。能除一切苦。真實不虛。故說般若波羅蜜多咒。即說咒曰。揭諦揭諦。波羅揭諦。波羅僧揭諦。菩提薩婆訶。

年　月　日

般若波羅蜜多心經

玄奘法師譯

觀自在菩薩行深般若波羅蜜多時照見
五蘊皆空度一切苦厄舍利子色不異空
空不異色色即是空空即是色受想行識
亦復如是舍利子是諸法空相不生不滅
不垢不淨不增不減是故空中無色無受
想行識無眼耳鼻舌身意無色聲香味觸
法無眼界乃至無意識界無無明亦無無
明盡乃至無老死亦無老死盡無苦集滅

道。無智亦無得。以無所得故。菩提薩埵依
般若波羅蜜多故。心無罣礙。無罣礙故。無
有恐怖。遠離顛倒夢想。究竟涅槃。三世諸
佛依般若波羅蜜多故。得阿耨多羅三藐
三菩提。故知般若波羅蜜多。是大神咒。是
大明咒。是無上咒。是無等等咒。能除一切
苦。真實不虛。故説般若波羅蜜多咒。即説
咒曰。揭諦揭諦。波羅揭諦。波羅僧揭諦。菩
提薩婆訶。

年　月　日

般若波羅蜜多心經

玄奘法師譯

觀自在菩薩行深般若波羅蜜多時照見
五蘊皆空度一切苦厄舍利子色不異空
空不異色色即是空空即是色受想行識
亦復如是舍利子是諸法空相不生不滅
不垢不淨不增不減是故空中無色無受
想行識無眼耳鼻舌身意無色聲香味觸
法無眼界乃至無意識界無無明亦無無
明盡乃至無老死亦無老死盡無苦集滅

道。無智亦無得。以無所得故。菩提薩埵依
般若波羅蜜多故。心無罣礙。無罣礙故。無
有恐怖。遠離顛倒夢想。究竟涅槃。三世諸
佛依般若波羅蜜多故。得阿耨多羅三藐
三菩提。故知般若波羅蜜多。是大神呪。是
大明呪。是無上呪。是無等等呪。能除一切
苦。真實不虛。故説般若波羅蜜多呪。即説
呪曰。揭諦揭諦。波羅揭諦。波羅僧揭諦。菩
提薩婆訶。

年　月　日

般若波羅蜜多心經

玄奘法師譯

觀自在菩薩行深般若波羅蜜多時照見
五蘊皆空度一切苦厄舍利子色不異空
空不異色色即是空空即是色受想行識
亦復如是舍利子是諸法空相不生不滅
不垢不淨不增不減是故空中無色無受
想行識無眼耳鼻舌身意無色聲香味觸
法無眼界乃至無意識界無無明亦無無
明盡乃至無老死亦無老死盡無苦集滅

道。無智亦無得。以無所得故。菩提薩埵依
般若波羅蜜多故。心無罣礙。無罣礙故。無
有恐怖。遠離顛倒夢想。究竟涅槃。三世諸
佛依般若波羅蜜多故。得阿耨多羅三藐
三菩提。故知般若波羅蜜多。是大神咒。是
大明咒。是無上咒。是無等等咒。能除一切
苦。真實不虛。故說般若波羅蜜多咒。即說
咒曰。揭諦揭諦。波羅揭諦。波羅僧揭諦。菩
提薩婆訶。

年　月　日

般若波羅蜜多心經

玄奘法師譯

觀自在菩薩行深般若波羅蜜多時照見
五蘊皆空度一切苦厄舍利子色不異空
空不異色色即是空空即是色受想行識
亦復如是舍利子是諸法空相不生不滅
不垢不净不增不減是故空中無色無受
想行識無眼耳鼻舌身意無色聲香味觸
法無眼界乃至無意識界無無明亦無無
明盡乃至無老死亦無老死盡無苦集滅

道。無智亦無得。以無所得故。菩提薩埵依
般若波羅蜜多故。心無罣礙。無罣礙故。無
有恐怖。遠離顛倒夢想。究竟涅槃。三世諸
佛依般若波羅蜜多故。得阿耨多羅三藐
三菩提。故知般若波羅蜜多。是大神咒。是
大明咒。是無上咒。是無等等咒。能除一切
苦。真實不虛。故說般若波羅蜜多咒。即說
咒曰。揭諦揭諦。波羅揭諦。波羅僧揭諦。菩
提薩婆訶。

年　月　日

般若波羅蜜多心經
玄奘法師譯
觀自在菩薩行深般若波羅蜜多時照見
五蘊皆空度一切苦厄舍利子色不異空
空不異色色即是空空即是色受想行識
亦復如是舍利子是諸法空相不生不滅
不垢不淨不增不減是故空中無色無受
想行識無眼耳鼻舌身意無色聲香味觸
法無眼界乃至無意識界無無明亦無無
明盡乃至無老死亦無老死盡無苦集滅

道。無智亦無得。以無所得故。菩提薩埵依
般若波羅蜜多故。心無罣礙。無罣礙故。無
有恐怖。遠離顛倒夢想。究竟涅槃。三世諸
佛依般若波羅蜜多故。得阿耨多羅三藐
三菩提。故知般若波羅蜜多。是大神咒。是
大明咒。是無上咒。是無等等咒。能除一切
苦。真實不虛。故說般若波羅蜜多咒。即說
咒曰。揭諦揭諦。波羅揭諦。波羅僧揭諦。菩
提薩婆訶。

年 月 日

般若波羅蜜多心經

玄奘法師譯

觀自在菩薩行深般若波羅蜜多時照見五蘊皆空度一切苦厄舍利子色不異空空不異色色即是空空即是色受想行識亦復如是舍利子是諸法空相不生不滅不垢不淨不增不減是故空中無色無受想行識無眼耳鼻舌身意無色聲香味觸法無眼界乃至無意識界無無明亦無無明盡乃至無老死亦無老死盡無苦集滅

道無智亦無得以無所得故菩提薩埵依
般若波羅蜜多故心無罣礙無罣礙故無
有恐怖遠離顛倒夢想究竟涅槃三世諸
佛依般若波羅蜜多故得阿耨多羅三藐
三菩提故知般若波羅蜜多是大神咒是
大明咒是無上咒是無等等咒能除一切
苦真實不虛故說般若波羅蜜多咒即說
咒曰揭諦揭諦波羅揭諦波羅僧揭諦菩
提薩婆訶

年 月 日

般若波羅蜜多心經

玄奘法師譯

觀自在菩薩行深般若波羅蜜多時照見五蘊皆空度一切苦厄舍利子色不異空空不異色色即是空空即是色受想行識亦復如是舍利子是諸法空相不生不滅不垢不淨不增不減是故空中無色無受想行識無眼耳鼻舌身意無色聲香味觸法無眼界乃至無意識界無無明亦無無明盡乃至無老死亦無老死盡無苦集滅

道無智亦無得以無所得故菩提薩埵依
般若波羅蜜多故心無罣礙無罣礙故無
有恐怖遠離顛倒夢想究竟涅槃三世諸
佛依般若波羅蜜多故得阿耨多羅三藐
三菩提故知般若波羅蜜多是大神咒是
大明咒是無上咒是無等等咒能除一切
苦真實不虛故説般若波羅蜜多咒即説
咒曰揭諦揭諦波羅揭諦波羅僧揭諦菩
提薩婆訶

年 月 日

般若波羅蜜多心經

玄奘法師譯

觀自在菩薩行深般若波羅蜜多時照見
五蘊皆空。度一切苦厄。舍利子。色不異空。
空不異色。色即是空。空即是色。受想行識。
亦復如是。舍利子。是諸法空相。不生不滅。
不垢不淨。不增不減。是故空中無色。無受。
想。行。識。無眼。耳。鼻。舌。身。意。無色。聲。香。味。觸。
法。無眼界。乃至無意識界。無無明。亦無無
明盡。乃至無老死。亦無老死盡。無苦。集。滅。

道。無智亦無得。以無所得故。菩提薩埵依

般若波羅蜜多故。心無罣礙。無罣礙故。無

有恐怖。遠離顛倒夢想。究竟涅槃。三世諸

佛依般若波羅蜜多故。得阿耨多羅三藐

三菩提。故知般若波羅蜜多。是大神呪。是

大明呪。是無上呪。是無等等呪。能除一切

苦。真實不虛。故説般若波羅蜜多呪。即説

呪曰。揭諦。揭諦。波羅揭諦。波羅僧揭諦。菩

提薩婆訶。

年　月　日

般若波羅蜜多心經

玄奘法師譯

觀自在菩薩行深般若波羅蜜多時。照見

五蘊皆空。度一切苦厄。舍利子。色不異空。

空不異色。色即是空。空即是色。受。想。行。識。

亦復如是。舍利子。是諸法空相。不生不滅。

不垢不淨。不增不減。是故。空中無色。無受。

想。行。識。無眼。耳。鼻。舌。身。意。無色。聲。香。味。觸。

法。無眼界。乃至無意識界。無無明亦無無

明盡。乃至無老死亦無老死盡。無苦。集。滅。

道。無智亦無得。以無所得故。菩提薩埵依
般若波羅蜜多故。心無罣礙。無罣礙故。無
有恐怖。遠離顛倒夢想。究竟涅槃。三世諸
佛依般若波羅蜜多故。得阿耨多羅三藐
三菩提。故知般若波羅蜜多。是大神咒。是
大明咒。是無上咒。是無等等咒。能除一切
苦。真實不虛。故說般若波羅蜜多咒。即說
咒曰。揭諦揭諦。波羅揭諦。波羅僧揭諦。菩
提薩婆訶。

年 月 日

般若波羅蜜多心經

玄奘法師譯

觀自在菩薩行深般若波羅蜜多時照見五蘊皆空度一切苦厄舍利子色不異空空不異色色即是空空即是色受想行識亦復如是舍利子是諸法空相不生不滅不垢不淨不增不減是故空中無色無受想行識無眼耳鼻舌身意無色聲香味觸法無眼界乃至無意識界無無明亦無無明盡乃至無老死亦無老死盡無苦集滅

道。無智亦無得。以無所得故。菩提薩埵依
般若波羅蜜多故。心無罣礙。無罣礙故。無
有恐怖。遠離顛倒夢想。究竟涅槃。三世諸
佛依般若波羅蜜多故。得阿耨多羅三藐
三菩提。故知般若波羅蜜多。是大神呪。是
大明呪。是無上呪。是無等等呪。能除一切
苦。真實不虛。故說般若波羅蜜多呪。即說
呪曰。揭諦。揭諦。波羅揭諦。波羅僧揭諦。菩
提薩婆訶。

年 月 日

般若波羅蜜多心經

玄奘法師譯

觀自在菩薩行深般若波羅蜜多時。照見五蘊皆空。度一切苦厄。舍利子。色不異空。空不異色。色即是空。空即是色。受。想。行。識。亦復如是。舍利子。是諸法空相。不生不滅。不垢不淨。不增不減。是故。空中無色。無受。想。行。識。無眼。耳。鼻。舌。身。意。無色。聲。香。味。觸。法。無眼界。乃至無意識界。無無明。亦無無明盡。乃至無老死。亦無老死盡。無苦。集。滅。

道。無智亦無得。以無所得故。菩提薩埵依
般若波羅蜜多故。心無罣礙。無罣礙故。無
有恐怖。遠離顛倒夢想。究竟涅槃。三世諸
佛依般若波羅蜜多故。得阿耨多羅三藐
三菩提。故知般若波羅蜜多。是大神咒。是
大明咒。是無上咒。是無等等咒。能除一切
苦真實不虛。故説般若波羅蜜多咒。即説
咒曰。揭諦。揭諦。波羅揭諦。波羅僧揭諦。菩
提薩婆訶。

年 月 日

般若波羅蜜多心經

玄奘法師譯

觀自在菩薩行深般若波羅蜜多時照見
五蘊皆空度一切苦厄舍利子色不異空
空不異色色即是空空即是色受想行識
亦復如是舍利子是諸法空相不生不滅
不垢不淨不增不減是故空中無色無受
想行識無眼耳鼻舌身意無色聲香味觸
法無眼界乃至無意識界無無明亦無無
明盡乃至無老死亦無老死盡無苦集滅

道無智亦無得以無所得故菩提薩埵依
般若波羅蜜多故心無罣礙無罣礙故無
有恐怖遠離顛倒夢想究竟涅槃三世諸
佛依般若波羅蜜多故得阿耨多羅三藐
三菩提故知般若波羅蜜多是大神咒是
大明咒是無上咒是無等等咒能除一切
苦真實不虛故説般若波羅蜜多咒即説
咒曰揭諦揭諦波羅揭諦波羅僧揭諦菩
提薩婆訶

年 月 日

般若波羅蜜多心經

玄奘法師譯

觀自在菩薩行深般若波羅蜜多時。照見
五蘊皆空。度一切苦厄。舍利子。色不異空。
空不異色。色即是空。空即是色。受。想。行。識。
亦復如是。舍利子。是諸法空相。不生不滅。
不垢不淨。不增不減。是故。空中無色。無受。
想。行。識。無眼。耳。鼻。舌。身。意。無色。聲。香。味。觸。
法。無眼界。乃至無意識界。無無明亦無無
明盡。乃至無老死亦無老死盡。無苦。集。滅。

道無智亦無得以無所得故菩提薩埵依
般若波羅蜜多故心無罣礙無罣礙故無
有恐怖遠離顛倒夢想究竟涅槃三世諸
佛依般若波羅蜜多故得阿耨多羅三藐
三菩提故知般若波羅蜜多是大神呪是
大明呪是無上呪是無等等呪能除一切
苦真實不虛故説般若波羅蜜多呪即説
呪曰揭諦揭諦波羅揭諦波羅僧揭諦菩
提薩婆訶

年 月 日

般若波羅蜜多心經

玄奘法師譯

觀自在菩薩行深般若波羅蜜多時。照見五蘊皆空。度一切苦厄。舍利子。色不異空。空不異色。色即是空。空即是色。受。想。行。識。亦復如是。舍利子。是諸法空相。不生不滅。不垢不淨。不增不減。是故。空中無色。無受。想。行。識。無眼。耳。鼻。舌。身。意。無色。聲。香。味。觸。法。無眼界。乃至無意識界。無無明。亦無無明盡。乃至無老死。亦無老死盡。無苦。集。滅。

道。無智亦無得。以無所得故。菩提薩埵依
般若波羅蜜多故。心無罣礙。無罣礙故。無
有恐怖。遠離顛倒夢想。究竟涅槃。三世諸
佛依般若波羅蜜多故。得阿耨多羅三藐
三菩提。故知般若波羅蜜多是大神呪。是
大明呪。是無上呪。是無等等呪。能除一切
苦。真實不虛。故說般若波羅蜜多呪。即說
呪曰。揭諦揭諦。波羅揭諦。波羅僧揭諦。菩
提薩婆訶。

年 月 日

般若波羅蜜多心經

玄奘法師譯

觀自在菩薩行深般若波羅蜜多時照見
五蘊皆空。度一切苦厄。舍利子。色不異空。
空不異色。色即是空。空即是色。受想行識。
亦復如是。舍利子。是諸法空相。不生不滅。
不垢不淨。不增不減。是故空中無色。無受。
想。行。識。無眼。耳。鼻。舌。身。意。無色。聲。香。味。觸。
法。無眼界。乃至無意識界。無無明。亦無無
明盡。乃至無老死。亦無老死盡。無苦。集。滅。

道無智亦無得以無所淂故菩提薩埵依
般若波羅蜜多故心無罣礙無罣礙故無
有恐怖遠離顛倒夢想究竟涅槃三世諸
佛依般若波羅蜜多故淂阿耨多羅三藐
三菩提故知般若波羅蜜多是大神咒是
大明咒是無上咒是無等等咒能除一切
苦真實不虛故説般若波羅蜜多咒即説
咒曰揭諦揭諦波羅揭諦波羅僧揭諦菩
提薩婆訶

年 月 日

般若波羅蜜多心經

玄奘法師譯

觀自在菩薩行深般若波羅蜜多時照見五蘊皆空度一切苦厄舍利子色不異空空不異色色即是空空即是色受想行識亦復如是舍利子是諸法空相不生不滅不垢不淨不增不減是故空中無色無受想行識無眼耳鼻舌身意無色聲香味觸法無眼界乃至無意識界無無明亦無無明盡乃至無老死亦無老死盡無苦集滅

道無智亦無得以無所得故菩提薩埵依
般若波羅蜜多故心無罣礙無罣礙故無
有恐怖遠離顛倒夢想究竟涅槃三世諸
佛依般若波羅蜜多故得阿耨多羅三藐
三菩提故知般若波羅蜜多是大神呪是
大明呪是無上呪是無等等呪能除一切
苦真實不虛故說般若波羅蜜多呪即說
呪曰揭諦揭諦波羅揭諦波羅僧揭諦菩
提薩婆訶

年　月　日

般若波羅蜜多心經

玄奘法師譯

觀自在菩薩行深般若波羅蜜多時照見
五蘊皆空度一切苦厄舍利子色不異空
空不異色色即是空空即是色受想行識
亦復如是舍利子是諸法空相不生不滅
不垢不淨不增不減是故空中無色無受
想行識無眼耳鼻舌身意無色聲香味觸
法無眼界乃至無意識界無無明亦無無
明盡乃至無老死亦無老死盡無苦集滅

道。無智亦無得。以無所得故。菩提薩埵依
般若波羅蜜多故。心無罣礙。無罣礙故。無
有恐怖。遠離顛倒夢想。究竟涅槃。三世諸
佛依般若波羅蜜多故。得阿耨多羅三藐
三菩提。故知般若波羅蜜多。是大神呪。是
大明呪。是無上呪。是無等等呪。能除一切
苦。真實不虛。故說般若波羅蜜多呪。即說
呪曰。揭諦揭諦。波羅揭諦。波羅僧揭諦。菩
提薩婆訶。

年 月 日

般若波羅蜜多心經

玄奘法師譯

觀自在菩薩行深般若波羅蜜多時照見
五蘊皆空度一切苦厄舍利子色不異空
空不異色色即是空空即是色受想行識
亦復如是舍利子是諸法空相不生不滅
不垢不淨不增不減是故空中無色無受
想行識無眼耳鼻舌身意無色聲香味觸
法無眼界乃至無意識界無無明亦無無
明盡乃至無老死亦無老死盡無苦集滅

道無智亦無得以無所得故菩提薩埵依
般若波羅蜜多故心無罣礙無罣礙故無
有恐怖遠離顛倒夢想究竟涅槃三世諸
佛依般若波羅蜜多故得阿耨多羅三藐
三菩提故知般若波羅蜜多是大神咒是
大明咒是無上咒是無等等咒能除一切
苦真實不虛故說般若波羅蜜多咒即說
咒曰揭諦揭諦波羅揭諦波羅僧揭諦菩
提薩婆訶

年　月　日

般若波羅蜜多心經

玄奘法師譯

觀自在菩薩行深般若波羅蜜多時照見五蘊皆空度一切苦厄舍利子色不異空空不異色色即是空空即是色受想行識亦復如是舍利子是諸法空相不生不滅不垢不淨不增不減是故空中無色無受想行識無眼耳鼻舌身意無色聲香味觸法無眼界乃至無意識界無無明亦無無明盡乃至無老死亦無老死盡無苦集滅

道。無智亦無得。以無所得故。菩提薩埵依

般若波羅蜜多故。心無罣礙。無罣礙故。無

有恐怖。遠離顛倒夢想。究竟涅槃。三世諸

佛依般若波羅蜜多故。得阿耨多羅三藐

三菩提。故知般若波羅蜜多。是大神呪。是

大明呪。是無上呪。是無等等呪。能除一切

苦。真實不虛。故說般若波羅蜜多呪。即說

呪曰。揭諦揭諦。波羅揭諦。波羅僧揭諦。菩

提薩婆訶。

年　月　日

般若波羅蜜多心經

玄奘法師譯

觀自在菩薩行深般若波羅蜜多時照見五蘊皆空度一切苦厄舍利子色不異空空不異色色即是空空即是色受想行識亦復如是舍利子是諸法空相不生不滅不垢不淨不增不減是故空中無色無受想行識無眼耳鼻舌身意無色聲香味觸法無眼界乃至無意識界無無明亦無無明盡乃至無老死亦無老死盡無苦集滅

道。無智亦無得。以無所得故。菩提薩埵依
般若波羅蜜多故。心無罣礙。無罣礙故。無
有恐怖。遠離顛倒夢想。究竟涅槃。三世諸
佛依般若波羅蜜多故。得阿耨多羅三藐
三菩提。故知般若波羅蜜多。是大神呪。是
大明呪。是無上呪。是無等等呪。能除一切
苦。真實不虛。故説般若波羅蜜多呪。即説
呪曰。揭諦揭諦。波羅揭諦。波羅僧揭諦。菩
提薩婆訶。

年 月 日

般若波羅蜜多心經

玄奘法師譯

觀自在菩薩行深般若波羅蜜多時照見五蘊皆空度一切苦厄舍利子色不異空空不異色色即是空空即是色受想行識亦復如是舍利子是諸法空相不生不滅不垢不淨不增不減是故空中無色無受想行識無眼耳鼻舌身意無色聲香味觸法無眼界乃至無意識界無無明亦無無明盡乃至無老死亦無老死盡無苦集滅

道。無智亦無得。以無所得故。菩提薩埵依
般若波羅蜜多故。心無罣礙。無罣礙故。無
有恐怖。遠離顛倒夢想。究竟涅槃。三世諸
佛依般若波羅蜜多故。得阿耨多羅三藐
三菩提。故知般若波羅蜜多。是大神咒。是
大明咒。是無上咒。是無等等咒。能除一切
苦。真實不虛。故說般若波羅蜜多咒。即說
咒曰。揭諦揭諦。波羅揭諦。波羅僧揭諦。菩
提薩婆訶。

年

月

日

般若波羅蜜多心經
玄奘法師譯

觀自在菩薩行深般若波羅蜜多時照見五蘊皆空度一切苦厄舍利子色不異空空不異色色即是空空即是色受想行識亦復如是舍利子是諸法空相不生不滅不垢不淨不增不減是故空中無色無受想行識無眼耳鼻舌身意無色聲香味觸法無眼界乃至無意識界無無明亦無無明盡乃至無老死亦無老死盡無苦集滅

道。無智亦無得。以無所得故。菩提薩埵依
般若波羅蜜多故。心無罣礙。無罣礙故。無
有恐怖。遠離顛倒夢想。究竟涅槃。三世諸
佛依般若波羅蜜多故。得阿耨多羅三藐
三菩提。故知般若波羅蜜多。是大神呪。是
大明呪。是無上呪。是無等等呪。能除一切
苦。真實不虛。故説般若波羅蜜多呪。即説
呪曰。揭諦揭諦。波羅揭諦。波羅僧揭諦。菩
提薩婆訶。

年　月　日

般若波羅蜜多心經
玄奘法師譯

觀自在菩薩行深般若波羅蜜多時照見
五蘊皆空度一切苦厄舍利子色不異空
空不異色色即是空空即是色受想行識
亦復如是舍利子是諸法空相不生不滅
不垢不淨不增不減是故空中無色無受
想行識無眼耳鼻舌身意無色聲香味觸
法無眼界乃至無意識界無無明亦無無
明盡乃至無老死亦無老死盡無苦集滅

道。無智亦無得。以無所得故。菩提薩埵依
般若波羅蜜多故。心無罣礙。罣礙故。無
有恐怖。遠離顛倒夢想。究竟涅槃。三世諸
佛依般若波羅蜜多故。得阿耨多羅三藐
三菩提。故知般若波羅蜜多。是大神咒。是
大明咒。是無上咒。是無等等咒。能除一切
苦。真實不虛。故説般若波羅蜜多咒。即説
咒曰。揭諦揭諦。波羅揭諦。波羅僧揭諦。菩
提薩婆訶。

年 月 日

般若波羅蜜多心經

玄奘法師譯

觀自在菩薩行深般若波羅蜜多時照見
五蘊皆空度一切苦厄舍利子色不異空
空不異色色即是空空即是色受想行識
亦復如是舍利子是諸法空相不生不滅
不垢不淨不增不減是故空中無色無受
想行識無眼耳鼻舌身意無色聲香味觸
法無眼界乃至無意識界無無明亦無無
明盡乃至無老死亦無老死盡無苦集滅

道。無智亦無得。以無所得故。菩提薩埵依
般若波羅蜜多故。心無罣礙。無罣礙故。無
有恐怖。遠離顛倒夢想。究竟涅槃。三世諸
佛依般若波羅蜜多故。得阿耨多羅三藐
三菩提。故知般若波羅蜜多。是大神咒。是
大明咒。是無上咒。是無等等咒。能除一切
苦。真實不虛。故說般若波羅蜜多咒。即說
咒曰。揭諦揭諦。波羅揭諦。波羅僧揭諦。菩
提薩婆訶。

年 月 日

般若波羅蜜多心經

玄奘法師譯

觀自在菩薩行深般若波羅蜜多時照見五蘊皆空度一切苦厄舍利子色不異空空不異色色即是空空即是色受想行識亦復如是舍利子是諸法空相不生不滅不垢不淨不增不減是故空中無色無受想行識無眼耳鼻舌身意無色聲香味觸法無眼界乃至無意識界無無明亦無無明盡乃至無老死亦無老死盡無苦集滅

道。無智亦無得。以無所得故。菩提薩埵依
般若波羅蜜多故。心無罣礙。無罣礙故。無
有恐怖。遠離顛倒夢想。究竟涅槃。三世諸
佛依般若波羅蜜多故。得阿耨多羅三藐
三菩提。故知般若波羅蜜多。是大神咒。是
大明咒。是無上咒。是無等等咒。能除一切
苦。真實不虛。故説般若波羅蜜多咒。即説
咒曰。揭諦揭諦。波羅揭諦。波羅僧揭諦。菩
提薩婆訶。

年　月　日

般若波羅蜜多心經

玄奘法師譯

觀自在菩薩行深般若波羅蜜多時照見
五蘊皆空度一切苦厄舍利子色不異空
空不異色色即是空空即是色受想行識
亦復如是舍利子是諸法空相不生不滅
不垢不淨不增不減是故空中無色無受
想行識無眼耳鼻舌身意無色聲香味觸
法無眼界乃至無意識界無無明亦無無
明盡乃至無老死亦無老死盡無苦集滅

道。無智亦無得。以無所得故。菩提薩埵依
般若波羅蜜多故。心無罣礙。無罣礙故。無
有恐怖。遠離顛倒夢想。究竟涅槃。三世諸
佛依般若波羅蜜多故。得阿耨多羅三藐
三菩提。故知般若波羅蜜多。是大神咒。是
大明咒。是無上咒。是無等等咒。能除一切
苦。真實不虛。故說般若波羅蜜多咒。即說
咒曰。揭諦。揭諦。波羅揭諦。波羅僧揭諦。菩
提薩婆訶。

年　月　日

般若波羅蜜多心經
玄奘法師譯
觀自在菩薩行深般若波羅蜜多時照見
五蘊皆空度一切苦厄舍利子色不異空
空不異色色即是空空即是色受想行識
亦復如是舍利子是諸法空相不生不滅
不垢不淨不增不減是故空中無色無受
想行識無眼耳鼻舌身意無色聲香味觸
法無眼界乃至無意識界無無明亦無無
明盡乃至無老死亦無老死盡無苦集滅

道無智亦無得以無所得故菩提薩埵依
般若波羅蜜多故心無罣礙無罣礙故無
有恐怖遠離顛倒夢想究竟涅槃三世諸
佛依般若波羅蜜多故得阿耨多羅三藐
三菩提故知般若波羅蜜多是大神咒是
大明咒是無上咒是無等等咒能除一切
苦真實不虛故說般若波羅蜜多咒即說
咒曰揭諦揭諦波羅揭諦波羅僧揭諦菩
提薩婆訶

年　月　日

般若波羅蜜多心經

玄奘法師譯

觀自在菩薩行深般若波羅蜜多時照見五蘊皆空度一切苦厄舍利子色不異空空不異色色即是空空即是色受想行識亦復如是舍利子是諸法空相不生不滅不垢不淨不增不減是故空中無色無受想行識無眼耳鼻舌身意無色聲香味觸法無眼界乃至無意識界無無明亦無無明盡乃至無老死亦無老死盡無苦集滅

道無智亦無得以無所得故菩提薩埵依
般若波羅蜜多故心無罣礙無罣礙故無
有恐怖遠離顛倒夢想究竟涅槃三世諸
佛依般若波羅蜜多故得阿耨多羅三藐
三菩提故知般若波羅蜜多是大神咒是
大明咒是無上咒是無等等咒能除一切
苦真實不虛故説般若波羅蜜多咒即説
咒曰揭諦揭諦波羅揭諦波羅僧揭諦菩
提薩婆訶

年

月

日

般若波羅蜜多心經

玄奘法師譯

觀自在菩薩行深般若波羅蜜多時照見
五蘊皆空度一切苦厄舍利子色不異空
空不異色色即是空空即是色受想行識
亦復如是舍利子是諸法空相不生不滅
不垢不淨不增不減是故空中無色無受
想行識無眼耳鼻舌身意無色聲香味觸
法無眼界乃至無意識界無無明亦無無
明盡乃至無老死亦無老死盡無苦集滅

道。無智亦無得。以無所得故。菩提薩埵依
般若波羅蜜多故。心無罣礙。無罣礙故。無
有恐怖。遠離顛倒夢想。究竟涅槃。三世諸
佛依般若波羅蜜多故。得阿耨多羅三藐
三菩提。故知般若波羅蜜多。是大神呪。是
大明呪。是無上呪。是無等等呪。能除一切
苦。真實不虛。故說般若波羅蜜多呪。即說
呪曰。揭諦揭諦。波羅揭諦。波羅僧揭諦。菩
提薩婆訶。

年 月 日

般若波羅蜜多心經

玄奘法師譯

觀自在菩薩行深般若波羅蜜多時照見
五蘊皆空度一切苦厄舍利子色不異空
空不異色色即是空空即是色受想行識
亦復如是舍利子是諸法空相不生不滅
不垢不淨不增不減是故空中無色無受
想行識無眼耳鼻舌身意無色聲香味觸
法無眼界乃至無意識界無無明亦無無
明盡乃至無老死亦無老死盡無苦集滅

道。無智亦無得。以無所得故。菩提薩埵依
般若波羅蜜多故。心無罣礙。無罣礙故。無
有恐怖。遠離顛倒夢想。究竟涅槃。三世諸
佛依般若波羅蜜多故。得阿耨多羅三藐
三菩提。故知般若波羅蜜多。是大神呪。是
大明呪。是無上呪。是無等等呪。能除一切
苦。真實不虛。故說般若波羅蜜多呪。即說
呪曰。揭諦。揭諦。波羅揭諦。波羅僧揭諦。菩
提薩婆訶。

年 月 日

般若波羅蜜多心經

玄奘法師譯

觀自在菩薩行深般若波羅蜜多時照見
五蘊皆空度一切苦厄舍利子色不異空
空不異色色即是空空即是色受想行識
亦復如是舍利子是諸法空相不生不滅
不垢不淨不增不減是故空中無色無受
想行識無眼耳鼻舌身意無色聲香味觸
法無眼界乃至無意識界無無明亦無無
明盡乃至無老死亦無老死盡無苦集滅

道無智亦無得。以無所得故。菩提薩埵依
般若波羅蜜多故。心無罣礙。無罣礙故。無
有恐怖。遠離顛倒夢想。究竟涅槃。三世諸
佛依般若波羅蜜多故。得阿耨多羅三藐
三菩提。故知般若波羅蜜多。是大神咒。是
大明咒。是無上咒。是無等等咒。能除一切
苦。真實不虛。故説般若波羅蜜多咒。即説
咒曰。揭諦揭諦。波羅揭諦。波羅僧揭諦。菩
提薩婆訶。

年　月　日

般若波羅蜜多心經

玄奘法師譯

觀自在菩薩行深般若波羅蜜多時照見
五蘊皆空。度一切苦厄。舍利子。色不異空。
空不異色。色即是空。空即是色。受想。行。識。
亦復如是。舍利子。是諸法空相。不生不滅。
不垢不淨。不增不減。是故空。中無色無受。
想。行。識。無眼。耳。鼻。舌。身。意。無色。聲。香。味。觸。
法。無眼界乃至無意識界。無無明亦無無
明盡。乃至無老死亦無老死盡。無苦。集。滅。

道無智亦無得以無所得故菩提薩埵依
般若波羅蜜多故心無罣礙無罣礙故無
有恐怖遠離顛倒夢想究竟涅槃三世諸
佛依般若波羅蜜多故得阿耨多羅三藐
三菩提故知般若波羅蜜多是大神呪是
大明呪是無上呪是無等等呪能除一切
苦真實不虛故説般若波羅蜜多呪即説
呪曰揭諦揭諦波羅揭諦波羅僧揭諦菩
提薩婆訶

年 月 日

般若波羅蜜多心經

玄奘法師譯

觀自在菩薩行深般若波羅蜜多時照見
五蘊皆空度一切苦厄舍利子色不異空
空不異色色即是空空即是色受想行識
亦復如是舍利子是諸法空相不生不滅
不垢不浄不增不減是故空中無色無受
想行識無眼耳鼻舌身意無色聲香味觸
法無眼界乃至無意識界無無明亦無無
明盡乃至無老死亦無老死盡無苦集滅

道。無智亦無得。以無所得故。菩提薩埵依
般若波羅蜜多故。心無罣礙。無罣礙故。無
有恐怖。遠離顛倒夢想。究竟涅槃。三世諸
佛依般若波羅蜜多故。得阿耨多羅三藐
三菩提。故知般若波羅蜜多。是大神咒。是
大明咒。是無上咒。是無等等咒。能除一切
苦真實不虛。故說般若波羅蜜多咒。即說
咒曰。揭諦揭諦。波羅揭諦。波羅僧揭諦。菩
提薩婆訶。

年 月 日

般若波羅蜜多心經

玄奘法師譯

觀自在菩薩行深般若波羅蜜多時照見
五蘊皆空度一切苦厄舍利子色不異空
空不異色色即是空空即是色受想行識
亦復如是舍利子是諸法空相不生不滅
不垢不淨不增不減是故空中無色無受
想行識無眼耳鼻舌身意無色聲香味觸
法無眼界乃至無意識界無無明亦無無
明盡乃至無老死亦無老死盡無苦集滅

道無智亦無得以無所得故菩提薩埵依
般若波羅蜜多故心無罣礙無罣礙故無
有恐怖遠離顛倒夢想究竟涅槃三世諸
佛依般若波羅蜜多故得阿耨多羅三藐
三菩提故知般若波羅蜜多是大神咒是
大明咒是無上咒是無等等咒能除一切
苦真實不虛故說般若波羅蜜多咒即說
咒曰揭諦揭諦波羅揭諦波羅僧揭諦菩
提薩婆訶

年　月　日

般若波羅蜜多心經
玄奘法師譯
觀自在菩薩行深般若波羅蜜多時照見
五蘊皆空度一切苦厄舍利子色不異空
空不異色色即是空空即是色受想行識
亦復如是舍利子是諸法空相不生不滅
不垢不淨不增不減是故空中無色無受
想行識無眼耳鼻舌身意無色聲香味觸
法無眼界乃至無意識界無無明亦無無
明盡乃至無老死亦無老死盡無苦集滅

道。無智亦無得。以無所得故。菩提薩埵依
般若波羅蜜多故。心無罣礙。無罣礙故。無
有恐怖。遠離顛倒夢想。究竟涅槃。三世諸
佛依般若波羅蜜多故。得阿耨多羅三藐
三菩提。故知般若波羅蜜多。是大神咒。是
大明咒。是無上咒。是無等等咒。能除一切
苦。真實不虛。故説般若波羅蜜多咒。即説
咒曰。揭諦揭諦。波羅揭諦。波羅僧揭諦。菩
提薩婆訶。

年　月　日

般若波羅蜜多心經

玄奘法師譯

觀自在菩薩行深般若波羅蜜多時照見
五蘊皆空度一切苦厄舍利子色不異空
空不異色色即是空空即是色受想行識
亦復如是舍利子是諸法空相不生不滅
不垢不淨不增不減是故空中無色無受
想行識無眼耳鼻舌身意無色聲香味觸
法無眼界乃至無意識界無無明亦無無
明盡乃至無老死亦無老死盡無苦集滅

道無智亦無得以無所得故菩提薩埵依
般若波羅蜜多故心無罣礙無罣礙故無
有恐怖遠離顛倒夢想究竟涅槃三世諸
佛依般若波羅蜜多故得阿耨多羅三藐
三菩提故知般若波羅蜜多是大神咒是
大明咒是無上咒是無等等咒能除一切
苦真實不虛故說般若波羅蜜多咒即說
咒曰揭諦揭諦波羅揭諦波羅僧揭諦菩
提薩婆訶

年 月 日

般若波羅蜜多心經

玄奘法師譯

觀自在菩薩行深般若波羅蜜多時照見五蘊皆空度一切苦厄舍利子色不異空空不異色色即是空空即是色受想行識亦復如是舍利子是諸法空相不生不滅不垢不淨不增不減是故空中無色無受想行識無眼耳鼻舌身意無色聲香味觸法無眼界乃至無意識界無無明亦無無明盡乃至無老死亦無老死盡無苦集滅

道無智亦無得以無所得故菩提薩埵依
般若波羅蜜多故心無罣礙無罣礙故無
有恐怖遠離顛倒夢想究竟涅槃三世諸
佛依般若波羅蜜多故得阿耨多羅三藐
三菩提故知般若波羅蜜多是大神咒是
大明咒是無上咒是無等等咒能除一切
苦真實不虛故説般若波羅蜜多咒即説
咒曰揭諦揭諦波羅揭諦波羅僧揭諦菩
提薩婆訶

年　月　日

般若波羅蜜多心經

玄奘法師譯

觀自在菩薩行深般若波羅蜜多時照見
五蘊皆空度一切苦厄舍利子色不異空
空不異色色即是空空即是色受想行識
亦復如是舍利子是諸法空相不生不滅
不垢不淨不增不減是故空中無色無受
想行識無眼耳鼻舌身意無色聲香味觸
法無眼界乃至無意識界無無明亦無無
明盡乃至無老死亦無老死盡無苦集滅

道。無智亦無得。以無所得故。菩提薩埵依
般若波羅蜜多故。心無罣礙。無罣礙故。無
有恐怖。遠離顛倒夢想。究竟涅槃。三世諸
佛依般若波羅蜜多故。得阿耨多羅三藐
三菩提。故知般若波羅蜜多。是大神咒。是
大明咒。是無上咒。是無等等咒。能除一切
苦。真實不虛。故説般若波羅蜜多咒。即説
咒曰。揭諦。揭諦。波羅揭諦。波羅僧揭諦。菩
提薩婆訶。

年

月

日

般若波羅蜜多心經

玄奘法師譯

觀自在菩薩行深般若波羅蜜多時照見五蘊皆空度一切苦厄舍利子色不異空空不異色色即是空空即是色受想行識亦復如是舍利子是諸法空相不生不滅不垢不淨不增不減是故空中無色無受想行識無眼耳鼻舌身意無色聲香味觸法無眼界乃至無意識界無無明亦無無明盡乃至無老死亦無老死盡無苦集滅

道。無智亦無得。以無所得故。菩提薩埵依
般若波羅蜜多故。心無罣礙。無罣礙故無
有恐怖。遠離顛倒夢想。究竟涅槃。三世諸
佛依般若波羅蜜多故。得阿耨多羅三藐
三菩提。故知般若波羅蜜多。是大神咒。是
大明咒。是無上咒。是無等等咒。能除一切
苦。真實不虛。故説般若波羅蜜多咒。即説
咒曰。揭諦。揭諦。波羅揭諦。波羅僧揭諦。菩
提薩婆訶。

年　月　日

般若波羅蜜多心經

玄奘法師譯

觀自在菩薩行深般若波羅蜜多時照見
五蘊皆空度一切苦厄舍利子色不異空
空不異色色即是空空即是色受想行識
亦復如是舍利子是諸法空相不生不滅
不垢不淨不增不減是故空中無色無受
想行識無眼耳鼻舌身意無色聲香味觸
法無眼界乃至無意識界無無明亦無無
明盡乃至無老死亦無老死盡無苦集滅

道。無智亦無得。以無所得故。菩提薩埵依
般若波羅蜜多故。心無罣礙。無罣礙故。無
有恐怖。遠離顛倒夢想。究竟涅槃。三世諸
佛依般若波羅蜜多故。得阿耨多羅三藐
三菩提。故知般若波羅蜜多。是大神咒。是
大明咒。是無上咒。是無等等咒。能除一切
苦。真實不虛。故説般若波羅蜜多咒。即説
咒曰。揭諦揭諦。波羅揭諦。波羅僧揭諦。菩
提薩婆訶。

年　月　日

般若波羅蜜多心經

玄奘㳒師譯

觀自在菩薩行深般若波羅蜜多時照見
五蘊皆空度一切苦厄舍利子色不異空
空不異色色即是空空即是色受想行識
亦復如是舍利子是諸㳒空相不生不滅
不垢不浄不增不減是故空中無色無受
想行識無眼耳鼻舌身意無色聲香味觸
㳒無眼界乃至無意識界無無明亦無無
明盡乃至無老死亦無老死盡無苦集滅

道。無智亦無得。以無所得故。菩提薩埵依
般若波羅蜜多故。心無罣礙。無罣礙故。無
有恐怖。遠離顛倒夢想。究竟涅槃。三世諸
佛依般若波羅蜜多故。得阿耨多羅三藐
三菩提。故知般若波羅蜜多。是大神咒。是
大明咒。是無上咒。是無等等咒。能除一切
苦。真實不虛。故說般若波羅蜜多咒。即說
咒曰。揭諦。揭諦。波羅揭諦。波羅僧揭諦。菩
提薩婆訶。

年　月　日

般若波羅蜜多心經

玄奘法師譯

觀自在菩薩行深般若波羅蜜多時照見
五蘊皆空度一切苦厄舍利子色不異空
空不異色色即是空空即是色受想行識
亦復如是舍利子是諸法空相不生不滅
不垢不淨不增不減是故空中無色無受
想行識無眼耳鼻舌身意無色聲香味觸
法無眼界乃至無意識界無無明亦無無
明盡乃至無老死亦無老死盡無苦集滅

道無智亦無得以無所得故菩提薩埵依
般若波羅蜜多故心無罣礙無罣礙故無
有恐怖遠離顛倒夢想究竟涅槃三世諸
佛依般若波羅蜜多故得阿耨多羅三藐
三菩提故知般若波羅蜜多是大神咒是
大明咒是無上咒是無等等咒能除一切
苦真實不虛故說般若波羅蜜多咒即說
咒曰揭諦揭諦波羅揭諦波羅僧揭諦菩
提薩婆訶

年　月　日

般若波羅蜜多心經

玄奘法師譯

觀自在菩薩行深般若波羅蜜多時照見
五蘊皆空度一切苦厄舍利子色不異空
空不異色色即是空空即是色受想行識
亦復如是舍利子是諸法空相不生不滅
不垢不淨不增不減是故空中無色無受
想行識無眼耳鼻舌身意無色聲香味觸
法無眼界乃至無意識界無無明亦無無
明盡乃至無老死亦無老死盡無苦集滅

道。無智亦無得。以無所得故。菩提薩埵依
般若波羅蜜多故。心無罣礙。無罣礙故。無
有恐怖。遠離顛倒夢想。究竟涅槃。三世諸
佛依般若波羅蜜多故。得阿耨多羅三藐
三菩提。故知般若波羅蜜多。是大神咒。是
大明咒。是無上咒。是無等等咒。能除一切
苦。真實不虛。故說般若波羅蜜多咒。即說
咒曰。揭諦揭諦。波羅揭諦。波羅僧揭諦。菩
提薩婆訶。

年 月 日

般若波羅蜜多心經

玄奘法師譯

觀自在菩薩行深般若波羅蜜多時。照見
五蘊皆空。度一切苦厄。舍利子。色不異空。
空不異色。色即是空。空即是色。受。想。行。識。
亦復如是。舍利子。是諸法空相不生不滅。
不垢不淨。不增不減。是故空中無色。無受。
想。行。識。無眼。耳。鼻。舌。身。意。無色。聲。香。味。觸。
法。無眼界。乃至無意識界。無無明亦無無
明盡。乃至無老死亦無老死盡。無苦。集。滅。

道。無智亦無得。以無所得故。菩提薩埵依
般若波羅蜜多故。心無罣礙。無罣礙故。無
有恐怖。遠離顛倒夢想。究竟涅槃。三世諸
佛依般若波羅蜜多故。得阿耨多羅三藐
三菩提。故知般若波羅蜜多。是大神呪。是
大明呪。是無上呪。是無等等呪。能除一切
苦。真實不虛。故説般若波羅蜜多呪。即説
呪曰。揭諦揭諦。波羅揭諦。波羅僧揭諦。菩
提薩婆訶。

年　月　日

般若波羅蜜多心經

玄奘法師譯

觀自在菩薩行深般若波羅蜜多時照見
五蘊皆空度一切苦厄舍利子色不異空
空不異色色即是空空即是色受想行識
亦復如是舍利子是諸法空相不生不滅
不垢不淨不增不減是故空中無色無受
想行識無眼耳鼻舌身意無色聲香味觸
法無眼界乃至無意識界無無明亦無無
明盡乃至無老死亦無老死盡無苦集滅

道。無智亦無得。以無所得故。菩提薩埵依
般若波羅蜜多故。心無罣礙。無罣礙故。無
有恐怖。遠離顛倒夢想。究竟涅槃。三世諸
佛依般若波羅蜜多故。得阿耨多羅三藐
三菩提。故知般若波羅蜜多。是大神咒。是
大明咒。是無上咒。是無等等咒。能除一切
苦。真實不虛。故說般若波羅蜜多咒。即說
咒曰。揭諦。揭諦。波羅揭諦。波羅僧揭諦。菩
提薩婆訶。

年　月　日

般若波羅蜜多心經

玄奘法師譯

觀自在菩薩行深般若波羅蜜多時。照見五蘊皆空。度一切苦厄。舍利子。色不異空。空不異色。色即是空。空即是色。受想行識。亦復如是。舍利子。是諸法空相。不生不滅。不垢不淨。不增不減。是故空中無色。無受想行識。無眼耳鼻舌身意。無色聲香味觸法。無眼界。乃至無意識界。無無明。亦無無明盡。乃至無老死。亦無老死盡。無苦集滅。

道。無智亦無得。以無所得故。菩提薩埵依
般若波羅蜜多故。心無罣礙。無罣礙故。無
有恐怖。遠離顛倒夢想。究竟涅槃。三世諸
佛依般若波羅蜜多故。得阿耨多羅三藐
三菩提。故知般若波羅蜜多。是大神咒。是
大明咒。是無上咒。是無等等咒。能除一切
苦。真實不虛。故說般若波羅蜜多咒。即說
咒曰。揭諦。揭諦。波羅揭諦。波羅僧揭諦。菩
提薩婆訶。

年 月 日

般若波羅蜜多心經

玄奘法師譯

觀自在菩薩行深般若波羅蜜多時照見
五蘊皆空度一切苦厄舍利子色不異空
空不異色色即是空空即是色受想行識
亦復如是舍利子是諸法空相不生不滅
不垢不淨不增不減是故空中無色無受
想行識無眼耳鼻舌身意無色聲香味觸
法無眼界乃至無意識界無無明亦無無
明盡乃至無老死亦無老死盡無苦集滅

道無智亦無得以無所得故菩提薩埵依
般若波羅蜜多故心無罣礙無罣礙故無
有恐怖遠離顛倒夢想究竟涅槃三世諸
佛依般若波羅蜜多故得阿耨多羅三藐
三菩提故知般若波羅蜜多是大神呪是
大明呪是無上呪是無等等呪能除一切
苦真實不虛故說般若波羅蜜多呪即說
呪曰揭諦揭諦波羅揭諦波羅僧揭諦菩
提薩婆訶

年　月　日

般若波羅蜜多心經

玄奘法師譯

觀自在菩薩行深般若波羅蜜多時照見
五蘊皆空。度一切苦厄。舍利子。色不異空。
空不異色。色即是空。空即是色。受想行識。
亦復如是。舍利子。是諸法空相。不生不滅。
不垢不淨。不增不減。是故空中無色。無受。
想。行。識。無眼耳鼻舌身意。無色聲香味觸。
法。無眼界。乃至無意識界。無無明。亦無
明盡。乃至無老死。亦無老死盡。無苦集滅。

道。無智亦無得。以無所得故。菩提薩埵依
般若波羅蜜多故。心無罣礙。無罣礙故。無
有恐怖。遠離顛倒夢想。究竟涅槃。三世諸
佛依般若波羅蜜多故。得阿耨多羅三藐
三菩提。故知般若波羅蜜多。是大神咒。是
大明咒。是無上咒。是無等等咒。能除一切
苦。真實不虛。故說般若波羅蜜多咒。即說
咒曰。揭諦。揭諦。波羅揭諦。波羅僧揭諦。菩
提薩婆訶。

年

月

日

般若波羅蜜多心經

玄奘法師譯

觀自在菩薩行深般若波羅蜜多時照見
五蘊皆空度一切苦厄舍利子色不異空
空不異色色即是空空即是色受想行識
亦復如是舍利子是諸法空相不生不滅
不垢不淨不增不減是故空中無色無受
想行識無眼耳鼻舌身意無色聲香味觸
法無眼界乃至無意識界無無明亦無無
明盡乃至無老死亦無老死盡無苦集滅

道。無智亦無得。以無所得故。菩提薩埵依
般若波羅蜜多故。心無罣礙。無罣礙故。無
有恐怖。遠離顛倒夢想。究竟涅槃。三世諸
佛依般若波羅蜜多故。得阿耨多羅三藐
三菩提。故知般若波羅蜜多。是大神咒。是
大明咒。是無上咒。是無等等咒。能除一切
苦。真實不虛。故說般若波羅蜜多咒。即說
咒曰。揭諦。揭諦。波羅揭諦。波羅僧揭諦。菩
提薩婆訶。

年 月 日

般若波羅蜜多心經

玄奘法師譯

觀自在菩薩行深般若波羅蜜多時照見
五蘊皆空度一切苦厄舍利子色不異空
空不異色色即是空空即是色受想行識
亦復如是舍利子是諸法空相不生不滅
不垢不淨不增不減是故空中無色無受
想行識無眼耳鼻舌身意無色聲香味觸
法無眼界乃至無意識界無無明亦無無
明盡乃至無老死亦無老死盡無苦集滅

道無智亦無得以無所得故菩提薩埵依
般若波羅蜜多故心無罣礙無罣礙故無
有恐怖遠離顛倒夢想究竟涅槃三世諸
佛依般若波羅蜜多故得阿耨多羅三藐
三菩提故知般若波羅蜜多是大神咒是
大明咒是無上咒是無等等咒能除一切
苦真實不虛故說般若波羅蜜多咒即說
咒曰揭諦揭諦波羅揭諦波羅僧揭諦菩
提薩婆訶

年 月 日

般若波羅蜜多心經

玄奘法師譯

觀自在菩薩行深般若波羅蜜多時照見
五蘊皆空度一切苦厄舍利子色不異空
空不異色色即是空空即是色受想行識
亦復如是舍利子是諸法空相不生不滅
不垢不淨不增不減是故空中無色無受
想行識無眼耳鼻舌身意無色聲香味觸
法無眼界乃至無意識界無無明亦無無
明盡乃至無老死亦無老死盡無苦集滅

道。無智亦無得。以無所得故。菩提薩埵依
般若波羅蜜多故。心無罣礙。無罣礙故。無
有恐怖。遠離顛倒夢想。究竟涅槃。三世諸
佛依般若波羅蜜多故。得阿耨多羅三藐
三菩提。故知般若波羅蜜多。是大神咒。是
大。明咒。是無上咒。是無等等咒。能除一切
苦真實不虛。故說般若波羅蜜多咒。即說
咒曰。揭諦。揭諦。波羅揭諦。波羅僧揭諦。菩
提薩婆訶。

年　月　日

般若波羅蜜多心經

玄奘法師譯

觀自在菩薩行深般若波羅蜜多時照見五蘊皆空度一切苦厄舍利子色不異空空不異色色即是空空即是色受想行識亦復如是舍利子是諸法空相不生不滅不垢不淨不增不減是故空中無色無受想行識無眼耳鼻舌身意無色聲香味觸法無眼界乃至無意識界無無明亦無無明盡乃至無老死亦無老死盡無苦集滅

道。無智亦無得。以無所得故。菩提薩埵依
般若波羅蜜多故。心無罣礙。無罣礙故。無
有恐怖。遠離顛倒夢想。究竟湼槃。三世諸
佛依般若波羅蜜多故。得阿耨多羅三藐
三菩提。故知般若波羅蜜多。是大神咒。是
大明咒。是無上咒。是無等等咒。能除一切
苦。真實不虛。故説般若波羅蜜多咒。即説
咒曰。揭諦揭諦。波羅揭諦。波羅僧揭諦。菩
提薩婆訶。

年 月 日

般若波羅蜜多心經

玄奘法師譯

觀自在菩薩行深般若波羅蜜多時照見
五蘊皆空度一切苦厄舍利子色不異空
空不異色色即是空空即是色受想行識
亦復如是舍利子是諸法空相不生不滅
不垢不淨不增不減是故空中無色無受
想行識無眼耳鼻舌身意無色聲香味觸
法無眼界乃至無意識界無無明亦無無
明盡乃至無老死亦無老死盡無苦集滅

道。無智亦無得。以無所得故。菩提薩埵依
般若波羅蜜多故。心無罣礙。無罣礙故。無
有恐怖。遠離顛倒夢想。究竟涅槃。三世諸
佛依般若波羅蜜多故。得阿耨多羅三藐
三菩提。故知般若波羅蜜多。是大神呪。是
大明呪。是無上呪。是無等等呪。能除一切
苦。真實不虛。故說般若波羅蜜多呪。即說
呪曰。揭諦揭諦。波羅揭諦。波羅僧揭諦。菩
提薩婆訶。

年 月 日

般若波羅蜜多心經

玄奘法師譯

觀自在菩薩行深般若波羅蜜多時照見五蘊皆空度一切苦厄舍利子色不異空空不異色色即是空空即是色受想行識亦復如是舍利子是諸法空相不生不滅不垢不淨不增不減是故空中無色無受想行識無眼耳鼻舌身意無色聲香味觸法無眼界乃至無意識界無無明亦無無明盡乃至無老死亦無老死盡無苦集滅

道。無智亦無得。以無所得故。菩提薩埵依
般若波羅蜜多故。心無罣礙。無罣礙故。無
有恐怖。遠離顛倒夢想。究竟涅槃。三世諸
佛依般若波羅蜜多故。得阿耨多羅三藐
三菩提。故知般若波羅蜜多。是大神呪。是
大明呪。是無上呪。是無等等呪。能除一切
苦。真實不虛。故說般若波羅蜜多呪。即說
呪曰。揭諦揭諦。波羅揭諦。波羅僧揭諦。菩
提薩婆訶。

年 月 日

般若波羅蜜多心經

玄奘法師譯

觀自在菩薩行深般若波羅蜜多時照見
五蘊皆空度一切苦厄舍利子色不異空
空不異色色即是空空即是色受想行識
亦復如是舍利子是諸法空相不生不滅
不垢不淨不增不減是故空中無色無受
想行識無眼耳鼻舌身意無色聲香味觸
法無眼界乃至無意識界無無明亦無無
明盡乃至無老死亦無老死盡無苦集滅

道。無智亦無得。以無所得故。菩提薩埵依
般若波羅蜜多故。心無罣礙。無罣礙故無
有恐怖。遠離顛倒夢想。究竟涅槃。三世諸
佛依般若波羅蜜多故。得阿耨多羅三藐
三菩提。故知般若波羅蜜多。是大神呪。是
大明呪。是無上呪。是無等等呪。能除一切
苦。真實不虛。故說般若波羅蜜多呪。即說
呪曰。揭諦。揭諦。波羅揭諦。波羅僧揭諦。菩
提薩婆訶。

年　月　日

般若波羅蜜多心經

玄奘法師譯
觀自在菩薩行深般若波羅蜜多時照見
五蘊皆空度一切苦厄舍利子色不異空
空不異色色即是空空即是色受想行識
亦復如是舍利子是諸法空相不生不滅
不垢不淨不增不減是故空中無色無受
想行識無眼耳鼻舌身意無色聲香味觸
法無眼界乃至無意識界無無明亦無無
明盡乃至無老死亦無老死盡無苦集滅

道無智亦無得以無所得故菩提薩埵依
般若波羅蜜多故心無罣礙無罣礙故無
有恐怖遠離顛倒夢想究竟涅槃三世諸
佛依般若波羅蜜多故得阿耨多羅三藐
三菩提故知般若波羅蜜多是大神咒是
大明咒是無上咒是無等等咒能除一切
苦真實不虛故説般若波羅蜜多咒即説
咒曰揭諦揭諦波羅揭諦波羅僧揭諦菩
提薩婆訶

年　月　日

般若波羅蜜多心經

玄奘法師譯

觀自在菩薩行深般若波羅蜜多時照見
五蘊皆空度一切苦厄舍利子色不異空
空不異色色即是空空即是色受想行識
亦復如是舍利子是諸法空相不生不滅
不垢不淨不增不減是故空中無色無受
想行識無眼耳鼻舌身意無色聲香味觸
法無眼界乃至無意識界無無明亦無無
明盡乃至無老死亦無老死盡無苦集滅

道。無智亦無得。以無所得故。菩提薩埵依般若波羅蜜多故。心無罣礙。無罣礙故。無有恐怖。遠離顛倒夢想。究竟涅槃。三世諸佛依般若波羅蜜多故。得阿耨多羅三藐三菩提。故知般若波羅蜜多。是大神呪。是大明呪。是無上呪。是無等等呪。能除一切苦。真實不虛。故説般若波羅蜜多呪。即説呪曰。揭諦揭諦。波羅揭諦。波羅僧揭諦。菩提薩婆訶。

年　月　日

般若波羅蜜多心經

玄奘法師譯

觀自在菩薩行深般若波羅蜜多時。照見五蘊皆空。度一切苦厄。舍利子。色不異空。空不異色。色即是空。空即是色。受想行識。亦復如是。舍利子。是諸法空相。不生不滅。不垢不淨。不增不減。是故空中無色。無受想行識。無眼耳鼻舌身意。無色聲香味觸法。無眼界。乃至無意識界。無無明。亦無無明盡。乃至無老死。亦無老死盡。無苦集滅。

道。無智亦無得。以無所得故。菩提薩埵依
般若波羅蜜多故。心無罣礙。無罣礙故。無
有恐怖。遠離顛倒夢想。究竟涅槃。三世諸
佛依般若波羅蜜多故。得阿耨多羅三藐
三菩提。故知般若波羅蜜多。是大神呪。是
大明呪。是無上呪。是無等等呪。能除一切
苦。真實不虛。故說般若波羅蜜多呪。即說
呪曰。揭諦揭諦。波羅揭諦。波羅僧揭諦。菩
提薩婆訶。

年　月　日

般若波羅蜜多心經

玄奘法師譯

觀自在菩薩行深般若波羅蜜多時照見
五蘊皆空度一切苦厄舍利子色不異空
空不異色色即是空空即是色受想行識
亦復如是舍利子是諸法空相不生不滅
不垢不淨不增不減是故空中無色無受
想行識無眼耳鼻舌身意無色聲香味觸
法無眼界乃至無意識界無無明亦無無
明盡乃至無老死亦無老死盡無苦集滅

道。無智亦無得。以無所得故。菩提薩埵依
般若波羅蜜多故。心無罣礙。無罣礙故。無
有恐怖。遠離顛倒夢想。究竟涅槃。三世諸
佛依般若波羅蜜多故。得阿耨多羅三藐
三菩提。故知般若波羅蜜多。是大神呪。是
大明呪。是無上呪。是無等等呪。能除一切
苦。真實不虛。故説般若波羅蜜多呪。即説
呪曰。揭諦揭諦。波羅揭諦。波羅僧揭諦。菩
提薩婆訶。

年 月 日

般若波羅蜜多心經

玄奘法師譯

觀自在菩薩行深般若波羅蜜多時照見
五蘊皆空度一切苦厄舍利子色不異空
空不異色色即是空空即是色受想行識
亦復如是舍利子是諸法空相不生不滅
不垢不淨不增不減是故空中無色無受
想行識無眼耳鼻舌身意無色聲香味觸
法無眼界乃至無意識界無無明亦無無
明盡乃至無老死亦無老死盡無苦集滅

道。無智亦無得。以無所得故。菩提薩埵依
般若波羅蜜多故。心無罣礙。無罣礙故。無
有恐怖。遠離顛倒夢想。究竟涅槃。三世諸
佛依般若波羅蜜多故。得阿耨多羅三藐
三菩提。故知般若波羅蜜多。是大神咒。是
大明咒。是無上咒。是無等等咒。能除一切
苦。真實不虛。故說般若波羅蜜多咒。即說
咒曰。揭諦。揭諦。波羅揭諦。波羅僧揭諦。菩
提薩婆訶。

年　月　日

般若波羅蜜多心經

玄奘法師譯

觀自在菩薩行深般若波羅蜜多時照見
五蘊皆空度一切苦厄舍利子色不異空
空不異色色即是空空即是色受想行識
亦復如是舍利子是諸法空相不生不滅
不垢不淨不增不減是故空中無色無受
想行識無眼耳鼻舌身意無色聲香味觸
法無眼界乃至無意識界無無明亦無無
明盡乃至無老死亦無老死盡無苦集滅

道。無智亦無得。以無所得故。菩提薩埵依
般若波羅蜜多故。心無罣礙。無罣礙故。無
有恐怖。遠離顛倒夢想。究竟涅槃。三世諸
佛依般若波羅蜜多故。得阿耨多羅三藐
三菩提。故知般若波羅蜜多。是大神咒。是
大明咒。是無上咒。是無等等咒。能除一切
苦。真實不虛。故說般若波羅蜜多咒。即說
咒曰。揭諦。揭諦。波羅揭諦。波羅僧揭諦。菩
提薩婆訶。

年 月 日

般若波羅蜜多心經

玄奘法師譯

觀自在菩薩行深般若波羅蜜多時照見五蘊皆空度一切苦厄舍利子色不異空空不異色色即是空空即是色受想行識亦復如是舍利子是諸法空相不生不滅不垢不淨不增不減是故空中無色無受想行識無眼耳鼻舌身意無色聲香味觸法無眼界乃至無意識界無無明亦無無明盡乃至無老死亦無老死盡無苦集滅

道。無智亦無得。以無所得故。菩提薩埵依
般若波羅蜜多故。心無罣礙。無罣礙故。無
有恐怖。遠離顛倒夢想。究竟涅槃。三世諸
佛依般若波羅蜜多故。得阿耨多羅三藐
三菩提。故知般若波羅蜜多。是大神咒。是
大明咒。是無上咒。是無等等咒。能除一切
苦。真實不虛。故説般若波羅蜜多咒。即説
咒曰。揭諦揭諦。波羅揭諦。波羅僧揭諦。菩
提薩婆訶。

年　月　日

般若波羅蜜多心經

玄奘法師譯

觀自在菩薩行深般若波羅蜜多時照見五蘊皆空度一切苦厄舍利子色不異空空不異色色即是空空即是色受想行識亦復如是舍利子是諸法空相不生不滅不垢不淨不增不減是故空中無色無受想行識無眼耳鼻舌身意無色聲香味觸法無眼界乃至無意識界無無明亦無無明盡乃至無老死亦無老死盡無苦集滅

道。無智亦無得。以無所得故。菩提薩埵依
般若波羅蜜多故。心無罣礙。無罣礙故。無
有恐怖。遠離顛倒夢想。究竟涅槃。三世諸
佛依般若波羅蜜多故。得阿耨多羅三藐
三菩提。故知般若波羅蜜多。是大神咒。是
大明咒。是無上咒。是無等等咒。能除一切
苦。真實不虛。故說般若波羅蜜多咒。即說
咒曰。揭諦揭諦。波羅揭諦。波羅僧揭諦。菩
提薩婆訶。

年 月 日

般若波羅蜜多心經

玄奘法師譯

觀自在菩薩行深般若波羅蜜多時照見
五蘊皆空。度一切苦厄。舍利子。色不異空
空不異色。色即是空。空即是色。受想行識
亦復如是。舍利子。是諸法空相。不生不滅
不垢不淨。不增不減。是故空中無色無受
想行識。無眼耳鼻舌身意。無色聲香味觸
法。無眼界。乃至無意識界。無無明亦無無
明盡。乃至無老死。亦無老死盡。無苦集滅

道。無智亦無得。以無所得故。菩提薩埵依
般若波羅蜜多故。心無罣礙。無罣礙故。無
有恐怖。遠離顛倒夢想。究竟涅槃。三世諸
佛依般若波羅蜜多故。得阿耨多羅三藐
三菩提。故知般若波羅蜜多。是大神咒。是
大明咒。是無上咒。是無等等咒。能除一切
苦。真實不虛。故説般若波羅蜜多咒。即説
咒曰。揭諦。揭諦。波羅揭諦。波羅僧揭諦。菩
提薩婆訶。

年　月　日

般若波羅蜜多心經

玄奘法師譯

觀自在菩薩行深般若波羅蜜多時。照見
五蘊皆空。度一切苦厄。舍利子色不異空。
空不異色。色即是空。空即是色。受想。行識。
亦復如是。舍利子是諸法空相。不生不滅。
不垢不淨。不增不減。是故空中無色。無受。
想。行。識。無眼。耳。鼻。舌。身。意。無色。聲。香。味。觸。
法。無眼界。乃至無意識界。無無明亦無無
明盡。乃至無老死亦無老死盡。無苦。集。滅。

道。無智亦無得。以無所得故。菩提薩埵依
般若波羅蜜多故。心無罣礙。無罣礙故。無
有恐怖。遠離顛倒夢想。究竟涅槃。三世諸
佛依般若波羅蜜多故。得阿耨多羅三藐
三菩提。故知般若波羅蜜多。是大神咒。是
大明咒。是無上咒。是無等等咒。能除一切
苦。真實不虛。故説般若波羅蜜多咒。即説
咒曰。揭諦揭諦。波羅揭諦。波羅僧揭諦。菩
提薩婆訶。

年 月 日

般若波羅蜜多心經

玄奘法師譯

觀自在菩薩。行深般若波羅蜜多時。照見五蘊皆空。度一切苦厄。舍利子。色不異空。空不異色。色即是空。空即是色。受想行識。亦復如是。舍利子。是諸法空相。不生不滅。不垢不淨。不增不減。是故空中無色。無受想行識。無眼耳鼻舌身意。無色聲香味觸法。無眼界。乃至無意識界。無無明。亦無無明盡。乃至無老死。亦無老死盡。無苦集滅

道無智亦無得以無所得故菩提薩埵依
般若波羅蜜多故心無罣礙無罣礙故無
有恐怖遠離顛倒夢想究竟涅槃三世諸
佛依般若波羅蜜多故得阿耨多羅三藐
三菩提故知般若波羅蜜多是大神咒是
大明咒是無上咒是無等等咒能除一切
苦真實不虛故説般若波羅蜜多咒即説
咒曰揭諦揭諦波羅揭諦波羅僧揭諦菩
提薩婆訶

年 月 日

般若波羅蜜多心經

玄奘法師譯

觀自在菩薩行深般若波羅蜜多時照見
五蘊皆空。度一切苦厄。舍利子。色不異空。
空不異色。色即是空。空即是色。受想行識。
亦復如是。舍利子。是諸法空相。不生不滅。
不垢不淨。不增不減。是故空中無色。無受。
想。行。識。無眼耳鼻舌身意。無色聲香味觸。
法。無眼界。乃至無意識界。無無明。亦無無
明盡。乃至無老死。亦無老死盡。無苦集滅。

道。無智亦無得。以無所得故。菩提薩埵依
般若波羅蜜多故。心無罣礙。無罣礙故。無
有恐怖。遠離顛倒夢想。究竟涅槃。三世諸
佛依般若波羅蜜多故。得阿耨多羅三藐
三菩提。故知般若波羅蜜多。是大神咒。是
大明咒。是無上咒。是無等等咒。能除一切
苦。真實不虛。故説般若波羅蜜多咒。即説
咒曰。揭諦揭諦。波羅揭諦。波羅僧揭諦。菩
提薩婆訶。

年　月　日

般若波羅蜜多心經

玄奘法師譯

觀自在菩薩行深般若波羅蜜多時照見
五蘊皆空。度一切苦厄。舍利子。色不異空。
空不異色。色即是空。空即是色。受想行識。
亦復如是。舍利子。是諸法空相。不生不滅。
不垢不淨。不增不減。是故空中無色。無受。
想行識。無眼耳鼻舌身意。無色聲香味觸
法。無眼界。乃至無意識界。無無明。亦無無
明盡。乃至無老死。亦無老死盡。無苦集滅。

道。無智亦無得。以無所得故。菩提薩埵依
般若波羅蜜多故。心無罣礙。無罣礙故。無
有恐怖。遠離顛倒夢想。究竟涅槃。三世諸
佛依般若波羅蜜多故。得阿耨多羅三藐
三菩提。故知般若波羅蜜多。是大神咒。是
大明咒。是無上咒。是無等等咒。能除一切
苦。真實不虛。故說般若波羅蜜多咒。即說
咒曰。揭諦揭諦。波羅揭諦。波羅僧揭諦。菩
提薩婆訶。

年 月 日

般若波羅蜜多心經

玄奘法師譯

觀自在菩薩行深般若波羅蜜多時照見五蘊皆空。度一切苦厄。舍利子。色不異空。空不異色。色即是空。空即是色。受想行識。亦復如是。舍利子。是諸法空相。不生不滅。不垢不淨。不增不減。是故空中無色。無受想。行。識。無眼耳鼻舌身意。無色聲香味觸法。無眼界。乃至無意識界。無無明。亦無無明盡。乃至無老死。亦無老死盡。無苦集滅。

道。無智亦無得。以無所得故。菩提薩埵依
般若波羅蜜多故。心無罣礙。無罣礙故。無
有恐怖。遠離顛倒夢想。究竟涅槃。三世諸
佛依般若波羅蜜多故。得阿耨多羅三藐
三菩提。故知般若波羅蜜多。是大神咒。是
大明咒。是無上咒。是無等等咒。能除一切
苦。真實不虛。故說般若波羅蜜多咒。即說
咒曰。揭諦揭諦。波羅揭諦。波羅僧揭諦。菩
提薩婆訶。

年

月

日

般若波羅蜜多心經　玄奘法師譯

觀自在菩薩行深般若波羅蜜多時。照見

五蘊皆空。度一切苦厄。舍利子。色不異空。

空不異色。色即是空。空即是色。受。想。行。識。

亦復如是。舍利子。是諸法空相。不生不滅。

不垢。不淨。不增。不減。是故空中。無色。無受。

想。行。識。無眼。耳。鼻。舌。身。意。無色。聲。香。味。觸。

法。無眼界。乃至無意識界。無無明。亦無無

明盡。乃至無老死。亦無老死盡。無苦。集。滅。

道。無智亦無得。以無所得故。菩提薩埵依
般若波羅蜜多故。心無罣礙。無罣礙故無
有恐怖。遠離顛倒夢想。究竟涅槃。三世諸
佛依般若波羅蜜多故。得阿耨多羅三藐
三菩提。故知般若波羅蜜多。是大神呪。是
大明呪。是無上呪。是無等等呪。能除一切
苦。真實不虛。故說般若波羅蜜多呪。即說
呪曰。揭諦。揭諦。波羅揭諦。波羅僧揭諦。菩
提薩婆訶。

年　月　日

般若波羅蜜多心經

玄奘法師譯

觀自在菩薩行深般若波羅蜜多時照見五蘊皆空度一切苦厄舍利子色不異空空不異色色即是空空即是色受想行識亦復如是舍利子是諸法空相不生不滅不垢不淨不增不減是故空中無色無受想行識無眼耳鼻舌身意無色聲香味觸法無眼界乃至無意識界無無明亦無無明盡乃至無老死亦無老死盡無苦集滅

道無智亦無得以無所得故菩提薩埵依
般若波羅蜜多故心無罣礙無罣礙故無
有恐怖遠離顛倒夢想究竟涅槃三世諸
佛依般若波羅蜜多故得阿耨多羅三藐
三菩提故知般若波羅蜜多是大神咒是
大明咒是無上咒是無等等咒能除一切
苦真實不虛故說般若波羅蜜多咒即說
咒曰揭諦揭諦波羅揭諦波羅僧揭諦菩
提薩婆訶

年 月 日

般若波羅蜜多心經

玄奘法師譯

觀自在菩薩行深般若波羅蜜多時。照見
五蘊皆空。度一切苦厄。舍利子。色不異空。
空不異色。色即是空。空即是色。受想行識。
亦復如是。舍利子。是諸法空相。不生不滅。
不垢不淨。不增不減。是故空中無色。無受
想行識。無眼耳鼻舌身意。無色聲香味觸
法。無眼界。乃至無意識界。無無明。亦無無
明盡。乃至無老死。亦無老死盡。無苦集滅。

道。無智亦無得。以無所得故。菩提薩埵依
般若波羅蜜多故。心無罣礙。無罣礙故。無
有恐怖。遠離顛倒夢想。究竟涅槃。三世諸
佛依般若波羅蜜多故。得阿耨多羅三藐
三菩提。故知般若波羅蜜多。是大神呪。是
大明呪。是無上呪。是無等等呪。能除一切
苦。真實不虛。故說般若波羅蜜多呪。即說
呪曰。揭諦揭諦。波羅揭諦。波羅僧揭諦。菩
提薩婆訶。

年　月　日

般若波羅蜜多心經
玄奘法師譯

觀自在菩薩行深般若波羅蜜多時照見
五蘊皆空度一切苦厄舍利子色不異空
空不異色色即是空空即是色受想行識
亦復如是舍利子是諸法空相不生不滅
不垢不淨不增不減是故空中無色無受
想行識無眼耳鼻舌身意無色聲香味觸
法無眼界乃至無意識界無無明亦無無
明盡乃至無老死亦無老死盡無苦集滅

道。無智亦無得。以無所得故。菩提薩埵依
般若波羅蜜多故。心無罣礙。無罣礙故。無
有恐怖。遠離顛倒夢想。究竟涅槃。三世諸
佛依般若波羅蜜多故。得阿耨多羅三藐
三菩提。故知般若波羅蜜多。是大神呪。是
大明呪。是無上呪。是無等等呪。能除一切
苦。真實不虛。故說般若波羅蜜多呪。即說
呪曰。揭諦揭諦。波羅揭諦。波羅僧揭諦。菩
提薩婆訶。

年 月 日

般若波羅蜜多心經

玄奘法師譯

觀自在菩薩行深般若波羅蜜多時照見
五蘊皆空度一切苦厄舍利子色不異空
空不異色色即是空空即是色受想行識
亦復如是舍利子是諸法空相不生不滅
不垢不淨不增不減是故空中無色無受
想行識無眼耳鼻舌身意無色聲香味觸
法無眼界乃至無意識界無無明亦無無
明盡乃至無老死亦無老死盡無苦集滅

道。無智亦無得。以無所得故。菩提薩埵依
般若波羅蜜多故。心無罣礙。無罣礙故。無
有恐怖。遠離顛倒夢想。究竟涅槃。三世諸
佛依般若波羅蜜多故。得阿耨多羅三藐
三菩提。故知般若波羅蜜多。是大神呪。是
大。明呪。是無。上呪。是無等等呪。能除一切
苦。真實不虛。故說般若波羅蜜多呪。即說
呪曰。揭諦。揭諦。波羅揭諦。波羅僧揭諦。菩
提薩婆訶。

年　月　日

般若波羅蜜多心經

玄奘㳒師譯

觀自在菩薩行深般若波羅蜜多時照見
五蘊皆空度一切苦厄舍利子色不異空
空不異色色即是空空即是色受想行識
亦復如是舍利子是諸㳒空相不生不滅
不垢不浄不增不減是故空中無色無受
想行識無眼耳鼻舌身意無色聲香味觸
㳒無眼界乃至無意識界無無明亦無無
明盡乃至無老死亦無老死盡無苦集滅

道。無智亦無得。以無所得故。菩提薩埵依
般若波羅蜜多故。心無罣礙。無罣礙故。無
有恐怖。遠離顛倒夢想。究竟涅槃。三世諸
佛依般若波羅蜜多故。得阿耨多羅三藐
三菩提。故知般若波羅蜜多。是大神呪。是
大明呪。是無上呪。是無等等呪。能除一切
苦。真實不虛。故說般若波羅蜜多呪。即說
呪曰。揭諦。揭諦。波羅揭諦。波羅僧揭諦。菩
提薩婆訶。

年 月 日

般若波羅蜜多心經

玄奘法師譯

觀自在菩薩行深般若波羅蜜多時。照見
五蘊皆空。度一切苦厄。舍利子。色不異空。
空不異色。色即是空。空即是色。受想行識。
亦復如是。舍利子。是諸法空相。不生不滅。
不垢不淨。不增不減。是故空中無色。無受
想。行。識。無眼。耳。鼻。舌。身。意。無色。聲。香。味。觸。
法。無眼界。乃至無意識界。無無明。亦無無
明盡。乃至無老死。亦無老死盡。無苦。集。滅。

道。無智亦無得。以無所得故。菩提薩埵依
般若波羅蜜多故。心無罣礙。無罣礙故。無
有恐怖。遠離顛倒夢想。究竟涅槃。三世諸
佛依般若波羅蜜多故。得阿耨多羅三藐
三菩提。故知般若波羅蜜多。是大神咒。是
大。明咒。是無上咒。是無等等咒。能除一切
苦。真實不虛。故說般若波羅蜜多咒。即說
咒曰。揭諦揭諦。波羅揭諦。波羅僧揭諦。菩
提薩婆訶。

年　　月　　日

寫・心經（一〇八遍大字好寫萬本紀念版）
練習專注當下，學習安心放心好好生活

範帖書寫　張明明
封面設計　莊謹銘
內頁排版　高巧怡
行銷企劃　蕭浩仰、江紫涓
行銷統籌　駱漢琦
業務發行　邱紹溢
營運顧問　郭其彬
協力編輯　周宜靜
責任編輯　林芳吟
總編輯　李亞南

出版　漫遊者文化事業股份有限公司
地址　台北市103大同區重慶北路二段88號2樓之6
電話　(02) 2715-2022
傳真　(02) 2715-2021
服務信箱　service@azothbooks.com
網路書店　www.azothbooks.com
臉書　www.facebook.com/azothbooks.read

發行　大雁出版基地
地址　新北市231新店區北新路三段207-3號5樓
電話　(02) 8913-1005
訂單傳真　(02) 8913-1056
初版一刷　2024年7月
定價　台幣280元